拝み屋備忘録
怪談人喰い墓場

郷内心瞳

竹書房
怪談
文庫

終には必ず行き着く場所

郷里の宮城で、拝み屋という特殊な仕事を営んでいる。

拝み屋とは、平易に言い表すならその名が示すごとく、拝むことが主なる務めである。先祖供養を始め、家内安全や交通安全、受験合格、安産などに関する諸々の加持祈祷、時には魔祓いや憑き物落としなど。相談客の要望に合わせ、あるいは私自身が依頼主の抱える悩みの大筋や多寡から推し量ってその都度、適切な拝みを執り行う。

斯様《かよう》に特異な経験を活かし、近年では怪談作家という仕事も兼業している。

こちらもやはり字面が示すとおり、怪談を書くのが務めである。主には仕事を通じて自身が体験した奇怪な出来事、私の許へ訪れた相談客から聞き得た怖い話や奇怪な話をできうる限り、最良の（あるいは最恐の）形で書き表すように心がけている。

それに加えて、本書「拝み屋備忘録」シリーズでは毎回、何がしかのテーマを定めて全体を構成するようにしてきた。シリーズ八作目となる今回は墓場を舞台とする怪異や、人の生き死にまつわる怪異を多く選り抜き、編みあげている。

墓場。日々の暮らしの傍らにあるため、平素はなかなか意識しづらいかもしれないが、墓場はあの世に一際近い場所である。人工的なあの世と言い換えてもいいかもしれない。そんな場所であるから、不可思議な体験をする者が多いのも無理からぬ話だと思う。人は誰しも死を迎えれば、墓へと納まることになる。墓場は人生の終着点と言えよう。命あるもの、死は決して免れることのできない定めである。そこに例外は存在しない。「生き物」というのは、生きているからこそ死ぬ。

生き物とは裏を返せばすなわち、「死に物」ということである。

人の一生を、仮に八十歳まで生きると仮定しよう。その年数を週数に換算してみると、およそ四〇〇〇週という答えが出る。

「八十年」ではまずまず長そうに思えていたものが、四〇〇〇週に置き換わったとたん、なんとも短いものに感じられてはこないだろうか？

だがこれは事実である。そして人の寿命は、別に八十年と決まっているわけではない。四〇〇〇週を突破して五〇〇〇週生きる者もいれば、三〇〇〇週で死にゆく者もいるし、中には一〇〇〇週にも満たずに逝ってしまう者もいる。

人の命など、いつ終わるのか分かったものではないのである。

メメント・モリ。すなわち、死を想え。

数年前にある人から投げつけられた言葉である。背筋がぞっと凍りつくひと言だった。

私は今年でそろそろ、四十路の半ばを迎える歳になる。

前述の喩えになぞらえるのなら、四〇〇〇週の半分以上を消費したことになるのだが、厄介な持病を抱えていることもあり、すでに半分以上では利かないかもしれない。

かつてスティーヴン・キングは、人がホラーに惹かれる理由を「死のリハーサル」と表したことがある。未知なる死への恐れを克服するため、ホラーというジャンルの中で死の疑似体験を反復する。それこそが人をホラーに駆り立てる原動力なのだという。

本書にも、そうした効能が少なからずあるのではなかろうか。

何しろテーマは、墓場と人の生き死にである。誰にとっても大問題のトピックだろう。

各話に登場する「かつて生きている者だった」存在たちの姿を頭に思い浮かべながら、読まれることをお勧めする。彼らの姿や動きを仔細に観察していけば、いつかあなたがこの世を去ったあと、無闇に迷い出ずに済むヒントも得られるかもしれない。

人が最後に行き着くべきは墓場である。見知らぬ誰かの背後や枕元ではない。

本書を大きな墓場に見立て、無数の墓石を巡るようにお読みいただければ幸いである。

目次

※本書に登場する人物名は様々な事情を考慮して仮名にしてあります。

墓吹雪

寿美《すみ》さんが小学二年生の頃、今から三十年ほど前の話だという。

秋の夕暮れ時、彼女は祖母に連れられ、近所の田舎道へ散歩に出掛けた。

家から少し離れた道端には、裏手に雑木林が広がる墓地がある。

ちょうど彼岸の時節で、ずらりとひしめく墓石の前には、菊や竜胆《りんどう》、千日紅《せんにちこう》といった色とりどりの仏花が、束になって供えられている。

「綺麗だねえ」

祖母と言葉を交わしながら墓地の前を歩いているとお供えの仏花が突然、ざわざわと音を鳴らして揺れ始めた。どの墓の前に立てられた花も、左右に大きく首を振っている。

風かと思ったが、違った。揺れ動いているのは墓地の中の仏花だけで、背後に広がる雑木林や辺りに生える草むらは、葉の一枚さえ微《かす》かに揺らぎもしていない。

何が起きているのか分からず、黙って様子を見ているうちにみるみる怖くなってきた。祖母もぎょっと目を開いて固まっている。

ざわざわと鳴り騒ぐ仏花を見つめ続けていると、激しい揺らぎに耐えられなくなった花びらが、一斉に墓地の虚空へ吹き散らばった。

西日に薄く陰り始めた墓地の風景が一転、極彩色の吹雪のような様相に見舞われる。

それは思わずはっと息を吞むほど幻想的な光景だったが、同時に背筋が瞬時に粟立つ異様な現象でもあった。

墓地の虚空いっぱいを舞い交わす無数の花びらは、まもなく地面へくたりと落ちると、今度は墓地の地面いっぱいに色鮮やかなモザイク模様を形成した。

隣で唖然となっている祖母に道理を尋ねてみたのだが、祖母もこんな光景を見るのは生まれて初めてとのこと。只事ではないということ以外は、何も分からないと返される。

祖母が答えた「只事ではない」との言葉どおり、その後は何べん墓地の前を通っても同じ現象を目にすることはなかった。

だが、この日にたったの一度だけ目撃した仏花の舞い飛ぶ様子は、長い年月が経った今でも目蓋《まぶた》の裏に焼きついて離れないそうである。

裏付け

宮川《みやがわ》さんが大学時代に通っていた友人宅は、郊外の住宅地にあった。
両脇をブロック塀に区切られた狭い道を進んでいくと、まもなく丁字路に突き当たる。
そこを右へ曲がった先が友人宅である。
丁字路の正面にもブロック塀が巡らされているのだが、塀の前には墓石が立っていた。
石は幼稚園児の背丈ほどの高さで、形は長方形で平べったい。一見すると石碑のように
見えなくもない。しかし、石の前にはいつも供花《きょうか》と菓子が捧げられ、時には火のつい
た線香から煙が立ち昇っていることもあった。
ゆえにそれが何かの墓であるということだけは、容易に知れた。
車で友人宅に通う行き帰り、墓石は自然と視界に入ってくるのだが、くわしい謂れは
分からなかったし、そもそも興味自体がない。だから特に意識することもなかった。

そろそろ八月の月遅れ盆が近づく、真夏の夕暮れ時のことである。

いつものように車で丁字路の前まで差し掛かると、墓石の上に載っかっているものと目が合った。なんだと思って視線を凝らすと、小さな女の子の首である。

ぎくりとなって悲鳴をあげるや、首は墓石の上からごろりと前のめりに転がり落ちた。すかさず路面のほうに目を向けたのだが、墓の前に首など転がっていなかった。

だが、首は確かに見ている。見間違えや幻覚のたぐいと割り切ることはできなかった。

そのまま血相を変えて、友人宅の門扉をくぐる。玄関口にやってきた友人に向かって、今しがた目にしたものを伝えると、彼もやおら驚いたそぶりで口を開いた。

「確かに首だよ。首がちぎれて死んでるんだってさ」

件《くだん》の墓石は、交通事故で亡くなった幼い女の子のために建てられた物なのだという。もう何十年も前のことになるのだが、この住宅地に暮らしていた幼稚園児の女の子が、飲酒運転のトラックに轢かれて亡くなっている。果たしてどんな轢かれ方をしたものか、遺体は首がちぎれて路傍に手毬のごとく転がっていたそうである。

不穏な事実を知って以来、墓石を目にすると背筋がぞくぞくするようになってしまい、次第に友人宅から足が遠のくようになってしまったという。

浮揚墓

五月の連休日、昭島《あきじま》さんが家族を連れ、近所の菩提寺へ墓参りに出掛けた時のこと。

自家の墓所に向かって墓地の中を歩いていると、周囲の景色にふと違和感を覚えた。

原因を探るべく視線を回してみたところ、無数に並ぶ墓石の中にやたらと背丈の高い墓石がひとつ、ぽつんと立っているのが目に入った。

見た目こそなんの変哲もない作りをした黒い御影石なのだけれど、他の墓石と比べて二倍近く背が高い。あんなに目立つ墓石など、これまで見かけた覚えがなかった。

ところがよく見てみると、墓石は背が高いのではなかった。

宙に浮かびあがっているのである。

全長一メートル近い長方形の重たい竿石が、本来載っかっているべき場所の上台からさらに一メートルほど上方にまっすぐ浮かんで、虚空にぴたりと留まっている。

我が目を疑う異様な光景だったが、まもなく家族も全員気づいて驚きの声をあげた。

「浮いてるよね？」

「うん、浮いてる」

「どうやって浮いてるの？」

「知らん。そんなこと、俺に訊かれても困る」

そんなやりとりをしているさなか、果たして昭島さんたちの話し声が聞こえたものか、竿石はふいに「ずっし」と鈍い音をたて、上台に着地した。軽い地響きも感じる。

恐る恐る近づいて押したり引いたりしてみたのだが、竿石と上台の間は強固に固まり、びくとも動くことはなかったという。

過剰拝

拝み屋を営む、私自身の話である。

大した話ではないので、怖い話が読みたい方は、読み飛ばしていただいて構わない。

くわしい時期は忘れてしまったのだが、おそらく七、八年前のことだと思う。

ある時、我が家の仕事場に末野《すえの》さんという女性が、相談に訪れた。

歳は四十代半ばで独身、老いた母親とふたりで実家暮らしをしているという。

「わたしはとにかく昔から、すごい霊感が強くって……」

はにかみ笑いを浮かべながら語り始めた彼女の話によれば、二十歳を過ぎた辺りから、死んだ人間の声や気配を感じるようになったらしい。

自分で「すごい」と言う割に、姿は一度も見たことがないそうだが、そうであっても彼女が告白するとおり、いわゆる「霊感」というやつに変わりはない。

「呪われている場所や、過去に人が亡くなった場所が分かる時もあるんです」

斯様な特技もあるという。私は「そうなんですか」とだけ答えた。

そのうえで今回の相談内容について尋ねてみると、こうだった。

「この頃、なんだか妙に身体がだるくて、具合が悪いんです」

何かにとり憑かれているかもしれないから、お祓いをしてほしいとのことである。

拝み屋を始めてだいぶ経つが、これまで自分の口から「何かにとり憑かれている」と言ってきて、実際にとり憑かれていた者はひとりもいない。

良からぬ者に微妙な距離感で付き纏われていたり、住まいに居座られたりするという例ならいくつもあるのだが、生身の身体の中に直接入りこまれる「憑依」という状態は、素人が考えるほど生易しいものではない。

そうした状態に陥った者は、まずもってまともな思考面から阻害され、自分の口から「とり憑かれている」などとは言わせられないし、とり憑かれているという自覚すらも与えられないのが大半である。意識状態は朦朧《もうろう》となり、寝たきりになるケースも多い。

ゆえに憑依状態にある人間というのは、周囲の人が異変に気づいて当事者を私の許へ連れてくるか、あるいは私が当事者宅へ直接赴くかの二択となる。

末野さんはいずれの条件にも症状にも合致しなかった。「とり憑かれている」という可能性に関しては、限りなくシロである。

とはいえ、身体の不調については本当なのだろう。医者に行って改善される症状なら何も問題はないのだが、一応の確認をと思って、心当たりを尋ねてみた。

「先ほどもお話ししたとおり、呪われている場所だとか、人が亡くなった場所だとかは、霊感で分かる時があるんです。だからそういう場所には近づかないようにしているので、わたしに非があるとは考えづらいんですよね」

特に考えるそぶりもなく、彼女はあっさりと見解を示した。

自前の霊感を頼りに妙な場所へは近寄らず、死者や神仏に対して不敬な行いもしない。むしろ実際は真逆で、日頃から徳になることをたくさん実践しているのだという。

「神棚と仏壇のお参りは毎朝、毎夕、欠かさず続けておりますし、写経もしております。類《たぐい》稀《まれ》にみる霊感体質ですから、ご先祖さまやご神仏のお力でお守りいただきたいという気持ちもあるのですが、それと同じくらい、尊崇の気持ちもあって続けております」

再びはにかんだように頬を軽く緩めながら、控え目なのか明け透けなのか測りかねる、奇妙な口ぶりで彼女は言った。

私の関心事は、あくまで「不調の原因」である。信心の度合は関係なかろうと判じる。

「そうですか」とだけ答え、「他に何か思い当たる節は?」と促した。

おそらくのところ、彼女はそれが気に食わなかったらしく、幾分顔色を曇らせたあと、

「ああ、徳を積むといえば最近、新しく始めたことがあるんです」と切りだした。

「たくさんの方々にお救けの供養をして差しあげているんです」

彼女は週に一度の割合で、自家の墓参りに出掛けるそうである。以前は自家の墓前に手を合わせるだけだったが、三月ほど前からは他の墓にも手を合わせるようになった。

「他の墓」というのはすなわち、全ての墓という意味である。

末野さんは自家の墓参りが終わると、墓地に並ぶ全ての墓を巡り、墓前にしゃがんで手を合わせる。「成仏のお救けをいたします」などと恭《うやうや》しく祈りながら。

墓地の一角に立つ水子地蔵や無縁仏の墓碑にも同じように手を合わせる。

そんなことをこの三月、墓参りのたびに欠かすことなく繰り返しているのだという。

「わたしの小さな祈りが、お墓に眠る皆さんの少しでもお役に立てればと思いまして」

半ばうっとりしたような顔つきで彼女は宣《のたま》ったが、とんでもない話だと思った。

あっさり原因が判明して、たちまち喉から重い息が漏れる。

「これからあなたの代わりにお詫びの読経を務めますので、今後は二度とよそのお墓に手を合わせないようにしてください」

告げると予想していたとおり、彼女は露骨に顔を歪ませた。「どうしてですか？」と少々声も尖らせるので、こちらはなるべく淡々とした調子で説明を始めた。

たとえば戦没者や災害犠牲者の冥福を願い、誰もが手を合わせられるように作られた慰霊碑などは別として、基本的には縁もない他人の墓に手を合わせるべきではないのだ。

理由は単純明快。相手の素性も事情も分からないがゆえである。

尋常ではない死に方をした者もいるだろう。この世に強い未練が残る者もいるだろう。死んで初めて世の中の役に立ったような、ろくでなしもいるだろう。接触も同情も拒み、この世の終わりまで放っておいてほしいと思っている者もいるだろう。

生者と同じく、死者も様々な事情を抱えて、視えざる世界に息づいている。

特異な例になるが、中には生きている人の優しさに飢え、一度手を差し伸べたが最後、相手が衰弱しようが発狂しようが、死ぬまでしつこく付き纏うような者もいる。

要は「触らぬ神に祟りなし」「君子、危うきに近寄らず」ということである。

己の身のほども弁《わきま》えず、軽はずみに聖人気取りなどするべきではないのだ。

そこまでは語らず、遠回しに説明したのだけれど、向こうは腑《ふ》に落ちないようだった。

「功徳を積んで、何がよろしくないんでしょう?」などと言う。

話に納得できないのなら、ここでお引き取りいただいてもいいのだが、あとになって「相談に行ったけど、まったく良くならなかった」などと吹聴されても困る。

私の見立てでは彼女の不調の原因は、余計な墓参りをしているからで間違いなかった。

「一応、自分にできる務めはします」と断り、墓地の名前と所在地を尋ねる。

仕事場に設《しつら》えた祭壇の前に座り、教えられた墓地の名を挙げつつお詫びの経を唱えて、その日の仕事は終わりとなった。末野さんは半ば不平そうな顔をして帰っていった。


それからしばらく経ったあと、末野さんから連絡があった。

お詫びの読経をしてもらってからまもなく、身体の不調は嘘のように治まったという。他家の墓に手を合わせるのもやめたとのことだった。

私としては、てっきりクレームのたぐいかと思っていたので、予想外の朗報だった。

「良かったですね」と手短に答え、この件は概《おおむ》ね解決となった。

停められる

会社員の野茂《のも》さんが、友人とふたりで山へ星を見に出掛けた時のこと。

夜の十時過ぎ、暗い山道を走っていると、前方で赤い光が揺れているのが見えた。

ヘッドライトが照らす先に視線を凝らすと、前方の道端で警官が誘導棒を振っている。

事故でもあったのかと思い、減速しながら近づいていく。

ところがそのさなか、光がふっと消えてしまう。

怪訝《けげん》に思いながら進んでいくと、道端に立っていたのは警官の写真がプリントされた、等身大の看板だった。警官は九六年にモデルチェンジされる以前の古い制服を着ている。

看板自体も全体的に色褪せ、縁の部分はぼろぼろに朽ちかけている。

誘導棒を振っていたのは見間違いだと思いたかったが、先刻までは生身の警官だった。

友人も「はっきり見た」と言うので、気味が悪くなってそのまま引き返してきたという。

リピーター

都内のマンションに暮らす、福来《ふくらい》さんの話である。

数年前の夜、地震の影響で都内各地が停電に見舞われた時のことだという。

停電は、福来さんのマンションも例外ではなかった。残業を終えて深夜に帰宅すると、エントランスホールにあるエレベーターが動かなくなっていた。

自室は七階にある。エレベーターを使う以外に部屋まで向かう手段は、階段しかない。階段は、エントランスの横手に見える古びた鉄扉の向こうにある。上るのが面倒なので、住み始めて以来、一度も使ったことがなかった。

扉を開け、緑色の非常灯に薄く照らされた折り返し階段を上り始める。

三階の手前辺りまで上った時、前方に見える踊り場を横切って誰かがおりてくるのが目に入った。水色の服を着た女だった。

服は上下とも水色だったので、一瞬パジャマのように思えたのだが、よく見てみるとパジャマではなく、病院着だった。

女はぼさぼさに乱れた髪を揺らしながら、沈んだ面持ちで階段をおりてくる。

蒼ざめながらすれ違い、女が視界のうしろへ消えたあと、振り向くことはしなかった。視線を前に向けたまま踊り場を横切り、黙って踏面を上り続ける。

確かに病院着だったよな……。

女とすれ違う時、横目で仔細を確認していた。やはり病院着だったように思う。

顔もしっかり見ていたが、どこの誰かは分からなかった。住人なのか部外者なのかも判然としない。首を捻りながら歩を進めていると、四階の踊り場に人影が見えた。

水色の病院着を着た女が、こちらへ向かっておりてくる。

思わずぴたりと足が止まった。

一方、女のほうは乱れた髪を揺らしながら、沈んだ面持ちで踊り場からおりてくる。すれ違う間際、横目で見やったその顔は、先ほどすれ違った女の顔と同じだった。

女が背後へ消えた瞬間、今度は跳ねるような勢いで階段を上り始める。

頭が事態を理解する前に、身体のほうが勝手に動いた。

ところが五階の踊り場へ差し掛かると、またぞろ同じ女が目の前に現れた。今度は笑顔でこちらを見おろしながら、挑むような足取りでずかずかとおりてくる。福来さんは悲鳴をあげるや、すかさず踵を返し、一気に下まで駆け戻った。

再び戻る勇気はなく、その夜は近所のファミレスで朝まで過ごすことになった。以来、二度と階段を使うことはないという。

少なくとも福来さんが聞きうる限りでは、マンション内で幽霊が出るという話はない。近くに病院があるわけでもなく、女の素性については謎のままである。

ただ、当時の記憶を何度思い返してみても、やはり女は生身の人ではなさそうだった。何度も繰り返し上からおりてくる動き方も異様ながら、女は歩く時に足音を一切立てず、無音のままに福来さんとすれ違っていたからである。

目玉の作業員

こちらは逆に病院内での話。萩谷《はぎや》さんが入院した時のことである。

夜更け過ぎ、トイレに行くため病室を出ると、廊下の向こうに人影が見えた。

病棟の壁に向かって前のめりに屈んで貼りつき、頻《しき》りに身体を動かしている。

なんとはなしに廊下を進んでいくと、人影は水色の作業服を上下に着こんだ男だった。

こんな時間になんの仕事をしているのだろうと思い、男が貼りつく壁のほうを見る。

壁には気味の悪い目玉模様がびっしりと描かれていた。

男は油性マジックとおぼしき太いペンを使って、一心不乱に描いている。

ほとんど真円に近いくらいにぎょろりと開いた丸い目もあれば、目蓋が重たく閉じて眠たそうにしている目、睫毛が異様に長い切れ長の目、瞳が細い猫のような目などなど、大小様々な形をした目玉が、男の前の白い壁を埋め尽くしていた。

到底、正気の沙汰とは思えない。一目するなり、関わり合いになりたくないとも思う。幸いにも向こうがこちらに気づく様子はなかったので、そのまま足音をそっと忍ばせ、男のうしろを通過した。素知らぬそぶりで廊下を進み、ほどなくトイレの前に達した時、静かに背後を振り返る。

薄暗い廊下に男の姿は、影も形もなくなっていた。

用を足し終え、男が屈んでいた壁を見ると、目玉の絵もひとつ残らずなくなっている。みるみる恐怖を覚え始めたが、ナースセンターに駆けこむのはやめた。話を信じてもらえるとは思えなかったし、正気を疑われるのも怖かった。わななく足で自分の病室へ戻り、頭から布団を被って寝ることにする。

それからしばらく経って、少しうとうとしかけた頃、病棟内が俄かに騒がしくなった。焦りを抑えた看護師たちの鋭い声が聞こえる。

何事かと思って病室のドアから顔を突きだして見ると、廊下の少し先にある病室から、患者を乗せたベッドが運びだされていくところだった。どうやら容体が急変したらしい。奇しくも先ほど、男が目玉を描いていた壁のすぐ隣にある病室だった。

患者がその後、どうなったのかは分からずじまいだったそうである。

大あくび

地方公務員の真砂《まさご》さんが、正月に妻とふたりで田舎の実家へ帰省した時のこと。

夜になり、実家の家族たちと居間の座卓を囲んで夕飯を食べ始めた時、前庭に面した掃き出し窓のカーテンが開きっ放しになっているのに気がついた。

どうりで少し寒いわけだと思い、立ちあがって窓辺に近づいていく。

すると漆黒に染まった窓の向こうに突然、何かがぬっと現れた。

それは頭の薄い中年男の顔だった。顔は窓一面を覆《おお》い尽くすほどに大きい。

思わず「うわっ！」と声をあげると、他の面子《めんつ》もつられて視線を窓のほうへと向けた。

たちまちみんなの口からも一斉に悲鳴があがる。

真砂さんたちが驚くなか、異様に大きな男の顔は、唇をもごもご動かしたかと思うと、やおらばっくりと大口を広げてみせた。

開いた口は、悠にマンホール以上の大きさがある。口が開くと同時に、両目のほうは目蓋がぎゅっと縮んで閉じられた。

果たしてどんな意図があるかは判じかねるが、あくびをしたようにしか見えなかった。

巨大な中年男の顔は、喉の奥が見えるほどに大口を開ききった次の瞬間、背後の闇に呑まれるようにすっと見えなくなってしまった。

急いで外の様子を確かめてみたが、庭先に不審なものは何ひとつ見当たらない。

「今のはなんだ？」

蒼ざめながらみんなで尋ね合ったが、心当たりのある者はいなかった。

そのうち、誰とはなしに「何か悪いことが起きる前触れなのではないか？」

そんな話も出たのだけれど、正月が終わって季節が変わる頃になっても、特別身辺で変わったことが起きることはなかった。

顔は写真を撮れば写るのではないかと思うほど、しっかりとした像を帯びて目の前に現れたのだという。

由来不明

引地《ひきち》さんが中学生の頃、こんなことがあったのだという。

小学一年生の時から使っていた勉強机が、さすがに小さく感じるようになった。

両親に相談すると、父方の親類宅に一台、不要になって久しい机があることが分かる。

就職して家を出ていった長男が大学時代まで使った机で、見た目は少し古ぼけているが、大人が使っても申し分のない大きさだという。ありがたく譲り受けることになった。

後日、自室に運びこまれた親類宅の机は、確かに少々くたびれた雰囲気こそあったが、造り自体はしっかりしていて、まだまだ十分使えそうだった。小学生用の勉強机と違い、天板の面積が広いのも好印象である。これなら勉強も捗《はかど》りそうだった。

と思ったのだが、机はそれから十日も経たないうちに廃品業者に引き渡された。

とても部屋に置いておける代物ではなかったからである。

机を自室に置いた夜半過ぎ、寝苦しさに目覚めると身体が痺れて動けなくなっていた。
眼球だけは動いたので、焦りながら電気の消えた室内に視線を巡らし始めてまもなく、
机の上に何かがぬっと立っているのが目に入る。
それは大人の背丈ほどもある、異様に大きな市松人形だった。
人形は鮫のように真っ黒な目玉で、寝ている引地さんをじっと見おろしている。
叫ぼうとしたが、喉も痺れて声が出てこなかった。そのまま意識を失ってしまう。
翌朝目覚めた時には、机に人形などいなかった。だから夢でも見たのだろうと思った。
けれども次の日の夜もまた、身体が痺れて目が覚めた。
机の上にはやはり大きな人形が立って、こちらをじっと見おろしていた。
こんなことが毎晩繰り返され、すっかり怖気づいてしまった引地さんは、親に頼んで
机を親類宅へ返してもらうことにした。
だが、くわしい事情を説明していないにもかかわらず、親類は返却を頑なに拒んだ。
それでやむを得ず、廃品業者に処分を依頼することになったのだという。
流れから鑑みるに、何やら曰くつきの机を体よく押しつけてきたのではないか。
事情は不明ながら、嫌でもそんなふうに思わざるを得なかったという話である。

先祖

国枝《くにえだ》さんが社会人になって、まもない時分の話だという。

夏場に中学時代の恩師の家へ遊びに行った。当時の同級生ふたりも一緒である。

恩師は数年前に定年退職していた。家は田園地帯の一角に立つ、広い日本家屋である。

手入れの行き届いた植木が生い茂る庭園には、古びた蔵や作業小屋も並んでいる。

大層渋くて立派な構えながら、子供たちはすでに独立していて、長らく妻とふたりで暮らしているのだという。

午後に訪ね、当初は夕方頃に帰るつもりだったのだが、その頃になると恩師の妻から晩ご飯を勧められ、ありがたく厚意に甘えさせてもらうことにした。

食事の最中も話が弾み、ついには恩師の口から「酒に付き合えよ」と誘われたことで、日帰りのはずが一泊する流れになってしまう。

その後、夜の遅い時間まで楽しく酒を酌み交わし、ようやく布団に入る段になった。
寝室に当てがわれたのは家の奥座敷。床の間が設えられた、広々とした座敷である。
恩師の妻は先に眠ってしまったため、布団は自分たちで敷くことになった。
だいぶ酒が回って眠たかったので、寝ればいいやということで適当に敷いた。

その翌朝、夜明けの早い時間に、国枝さんは血相を変えた友人に揺さぶり起こされた。
もうひとりの友人も同じように叩き起こされてしまう。
「何事か」と尋ねるより先に、友人がそわそわしたそぶりで話を始めた。
「頼むから信じてくれよ……」
昨晩、幽霊を見たのだという。
眠りに就いてしばらくした頃、彼は異様な寒気を覚えて目が覚めた。
部屋に冷房などないはずなのに、歯の根が合わぬほどに空気が冷たい。
特に床の間に面した、足元のほうが寒かった。空気が動いているような感覚も覚える。
何事かと不審に思って半身を起こしたとたん、身体が氷のように固まってしまう。
自分たちが寝ている布団の足側に、女がべたりと這いつくばっていた。

どろどろとうねりを帯びた長い黒髪に、喪服のような黒い和装姿の女である。顔色は牛の脂身を思わせる生々しい白みと光沢を帯び、目は黒目がちでいやに大きい。そんな女が薄笑いを浮かべ、足元からこちらをじっと見つめていた。

すかさず叫ぼうとしたが、喉が痺れて、声は萎びた吐息のような音が出ただけだった。怪しい女は、友人に存在を気づかれたのを見計らったかのように、のろのろと身体を一回転させると、こちらに向かって尻を向けた。

続いて床の間の脇に立てられた柱をするすると上っていく。蜥蜴《とかげ》のような動きである。柱の上には襖《ふすま》ががらりと開いた、天袋があった。寝る前には閉まっていたはずである。女は天袋の中にするりと身を滑りこませると、今度は上から友人の顔を見つめ始めた。顔にはなおも薄笑いが浮かんでいる。何を意図して見つめているのか分からなかったが、底知れない恐怖だけはありありと感じた。

どうにかして身体を動かすなり、声をだすなりしなければならないと焦るのだけれど、まともに動いてくれるのは、寒気と恐怖でかちかち震える歯だけだった。

慄《おのの》きながらも必死になって女の動向を探っているうちに視界が霧のように霞み始め、気づくと朝になっていたそうである。

友人は「夢ではない」「絶対見た」と言い張ったが、それを裏付ける痕跡はなかった。部屋は寒いどころか若干蒸し暑かったし、天袋の襖も閉まっている。

国枝さんたちが否定しても納得がいかない様子の友人は、よせばいいのに朝食の席で恩師夫妻に同じ話を語って聞かせた。

どうせ怪訝に思われるか、一笑に付されるだろうと国枝さんは踏んでいたのだけれど、予想外にふたりは真面目に話を聞いた。聞き終わると食事中にもかかわらず席を立って、寝室へ向かう。

「原因はこれじゃないか?」

三組並んだ布団を指差しながら、恩師がつぶやいた。

布団の足側が床の間に並んで敷いてあるのが良くなかったのだろうと言う。床の間は神聖な場所なので、足を向けて寝るなど、不敬な行為をしてはならないそうである。

そんな説明をしたうえで、恩師は「先祖が怒ったんじゃないか?」と言った。

床の間に不敬なことをしてしまったことについては理解できたのだが、幽霊の正体が「先祖」というのは、いまいち呑みこむことができなかった。

友人が語るような「薄気味の悪い女」が、果たしてこの家の先祖なのだろうか。

何気なく尋ねてみると、それまで柔和だった恩師の顔色がわずかに陰った。

「人の家の先祖を悪く言うもんじゃない」

ぼつりとこぼされたひと言に返す言葉が思い浮かばず、話はそこで打ち切りとなった。


その後も恩師との交流は細々と続いたが、家に泊まりにいくことは二度となかった。

細い付き合いは年を経るごとに少しずつ細まり、最後は完全に断ち切れてしまう。

床の間の幽霊騒ぎから二十年ほど経った、つい最近のこと。

国枝さんは仕事の用で、たまさか恩師の家の近くを通りかかった。

懐かしさにつられて門前まで行ってみたのだが、屋敷は更地と化していた。

のちに調べたところ、恩師夫妻は十年ほど前に行方不明になっていることが分かった。

ふたりに何があったのかについては不明のままであるという。

大爆笑

「そんなに大した話じゃないかもしれないですが……」

謙遜しつつも、バイクが趣味の的野《まとの》さんが語って聞かせてくれた話である。

秋の行楽シーズンに、彼が独りで隣県の峠へツーリングに出掛けた時のこと。

崖沿いの急カーブでスピードを出し過ぎ、バイクを派手に横転させてしまった。

幸い、大きな怪我はしないで済んだが、やおら起きあがろうとした時にすぐ近くから、ゲラゲラとけたたましい笑い声が聞こえてきた。声は複数。男が発するものである。

かっとなって辺りを見回すが、誰の姿があるわけでもない。笑い声も一斉に止んだ。

周囲に隈なく視線を巡らせても、やはり人の姿は見当たらない。

代わりに近くの路傍には、古ぼけた地蔵が三体、並んでいたそうである。

消えた先

志田《しだ》さんがまだ幼い頃、幼稚園に通っていた時にこんなことがあったという。

ある日の昼時、保育室で弁当を食べていると、園庭の地面に妙なものが見えた。

ボウリングボールぐらいの大きさをした丸い塊《かたまり》で、上半分が水色、下半分が真っ黒に染まっている。塊のてっぺんには馬の尻尾みたいな黒いふさふさが逆立っていた。

どこかで見た覚えがあるような、ないような……。

思いながら見ていると、それはふいに地面から「ぽん！」と勢いよく跳ねあがった。

空中で一回転しながら再びべたりと地面についたそれは、髷《まげ》を結った男の生首である。

生首は、険しい顔つきでこちらをまっすぐ見つめている。

ああ、そうだ。時代劇で観たことがある。おサムライさんの頭だよ……。

合点がいった直後、得体の知れない感情に襲われ、背筋がしんと冷たくなる。

生首は志田さんを一瞥すると、やにわに「ぽん！　ぽん！」と兎のように跳ね始めた。あっというまに目で追いきれないほどの速さになり、園庭を横切っていく。

思わず「うわっ！」と悲鳴をあげた時には、首は視界から消えていた。

異変に気づいた先生に事情を尋ねられたのだけれど、パニックに陥っていたのに加え、子供の拙《つたな》い表現力ではうまく説明することができず、理解してはもらえなかった。

首が消えていった方角には、荒れ放題の竹林がある。

幼稚園が終わったあと、恐る恐る覗きこんでみたが、不審なものは見つからなかった。

それから十年ほどが過ぎ、志田さんが高校生になった頃のことである。

区画整理のために件の竹林が伐採された。

平らになった林の跡地には、古びた小さな墓石がひとつ立っていた。

噂で聞こえてきた話では、ずいぶん昔の時代の墓だという。墓石に記された名前から、武士の墓ではないかということだった。

この時になってようやく、幼稚園時代に見た生首の素性が分かった気がしたという。

さまよう者を見る

作恵《さくえ》さんが小学時代に体験したという話。

ある日の放課後、クラスの友人たちと地元の墓地で遊んでいると、近くの墓石の間に人影がちらついているのが見えた。

何気なく視線を向けたところ、それは軍治《ぐんじ》さんという、地元に暮らす老人だった。ただ、軍治さんはひと月ほど前に亡くなっている。自宅の火事で焼け死んだのである。そんな軍治さんは、白い着物姿でふらふらと墓地の中をさまよい歩いていた。

一緒にいた友人たちも全員見ている。怖くて声をかけられる者は誰もいなかった。

結局みんなで息を潜め、気づかれないよう、墓からそっと逃げだしてきたのだけれど、当時から何十年も経った今となっても、墓地の中をふらふら歩く彼の姿は、目蓋の裏に焼きついて離れないとのことだった。

墓泳

土木業の稗《ひえ》さんが、地元の墓地の改装工事に携わった時にこんなことがあったという。

昼飯時、同僚たちはそれぞれ弁当や飲み物を買いに出掛けていった。

稗さんは両方持参してきていたので、墓地の一角に座り、ひとりで先に食事を始めた。

弁当を掻きこみながら、何気なく墓地の景色を眺めていると、少し離れた墓石の上に何やら赤くて小さなものが乗っかっているのが目に入った。

サクランボか鬼灯《ほおずき》かと思ったそれは、見ているうちにもぞもぞ動きだして宙に浮いた。

続いて墓地の虚空をふわふわと漂い始める。よく見ると、小ぶりな赤い金魚だった。

金魚はごくごく「当たり前」といった様子で、墓石の間をゆったりと泳いでゆく。

どこに行くのか目で追っていくと、最後は墓地の隅にある池の中へぽちゃりと落ちた。

まもなく戻ってきた同僚たちに話しても、信じてくれる者はいなかったそうである。

駆け坊主

藤尾《ふじお》さんが親戚の法事で、北陸地方の田舎の寺へ出掛けた時のこと。
法事が始まる少し前、藤尾さんは先に用を足しておこうと思った。
本堂を出て、廊下のいちばん奥にあるトイレへ向かう。
まもなく用を足し終えトイレを出ると、廊下の向こうから老けた住職がやって来た。
それも血相を変え、凄まじい駆け足で突進するようにやってくる。
よほど漏れそうなんだなと思ううちに、住職は藤尾さんの真横を通り過ぎていった。
そして静寂。ばたばたと床板を踏み鳴らしていた足音が突然、ぴたりと止んでしまう。
背後を振り返ると、住職の姿もなかった。トイレのドアは閉まっている。
不審に思ってドアを開けてみたのだが、中はもぬけの殻だった。
ぞっとしながら本堂へ戻ると、住職がいた。先ほどの住職とは別人で、歳も若干若い。

幾分ためらいは生じたものの、今しがた自分が体験したことを親類たちに打ち明ける。
中には信じる者もいたが、ほとんどが半信半疑のようだった。
「何かの間違いだろう」「少し疲れているんじゃないのか？」
失笑混じりにそんなことを言われ、やはり黙っていれば良かったと思い始めた矢先に、
住職がぽつりと口を開いた。
「あなたがお見かけしたというのは、もしやこの方ではございませんか？」
言いながら、本堂の長押《なげし》に掛けられた遺影を手のひらで示して見せる。
遺影に写っていたのは、まさしく先ほど目にした住職だった。
彼はこの寺の先代に当たる人物で、現住職の父君だという。八年前に大腸癌を患って
亡くなっているとのことだった。
「病気と分かる頃からは、トイレがやたら近くなってしまいまして、お務めの前後には
いつもばたばた駆けこんでおりました」
住職の告白に親類一同、藤尾さんの体験を信じざるを得なくなってしまったという。

怪談会の打ち上げにて

私自身の話である。

こちらも大した話ではないので、興味のない方は読み飛ばしていただいて構わない。

コロナ禍の影響などもあり、ここ数年はまったく関与していないし、おそらく今後も関わることはないと思うのだけれど、昔はずいぶん怪談関係のイベントに声がかかって出演していたことがある。

初めの頃はそれなりに楽しかったのだが、ある時から素朴な疑問を抱くようになった。

話芸のプロでもない者が人前で怪談なんぞを披露して、なんの意味があるのだろうと。

別に他意はない。あくまで私が、自分自身に対して抱いた疑問である。

怪談語りを「話芸の一種」と捉えるならば、その話芸を地道に磨いていきさえすれば、おそらくいつか、それなりにはサマになってくる時もあるのだろう。

しかし、私が怪談関係の仕事で主体としているのは文章であって、生の語りではない。得意としているのも文章表現であり、やはり語りのほうではない。

読み物としてすでに最良の形で仕上げた怪談を、あるいは文章表現ならば最良の形で提供できるであろう新たな恐怖の体験談を、敢えてそれより数段劣る、己の拙い語りで披露することに果たしてどんなメリットがあるというのか。

そんな思いに至って以来、なんだかあらゆる方面に対して申しわけない気持ちになり、イベントの出演は控えるようになっていった。

理由はさらにもうひとつある。

怪談関係のイベントは、終演後に居酒屋などで打ち上げがおこなわれることが多い。関係者だけでミニマムに酒を酌み交わす席もあるのだが、私が出演したイベントでは、本番を観に来た客らも自由に参加できる打ち上げが多かった。

話すたびに「信じられない！」と言われるのだけれど、私は結構な人見知りである。

拝み屋の仕事で相談客と話すのは少しも苦にならないし、緊張することもないのだが、プライベートやそれに近い状態で見知らぬ他人と接するのは、昔から割かし苦手である。四十を過ぎた今でもまったく改善される見込みはない。

打ち上げの席で知らない参加者から陽気に話しかけられると、即座に身構えてしまう。顔に微妙な笑みを拵えるのがようやくで、とても会話に興じる余裕などない。

さらには「私に何かとり憑いてますか？」や「この店、何かいますか？」などという質問を向けられると、もう駄目である。口が貝のように固くなってしまう。

誰もが真剣に尋ねてくるわけではない。酔いの勢いに任せて突発的に尋ねてくるのだ。それを知っているからなおのこと、私は対応に窮してしまうわけである。

前者については「過剰拝」の話中でも説明したとおり、自分の口からこうした質問をぶつけてきた者で、本当に何かがとり憑いていたケースはひとつもない。だから素直に「何もいません」「大丈夫ですよ」と答え、あとはしれっと話題を変えればいいのだが、問題は後者のほうである。

居酒屋というのはどういうわけだか、本当に何かがいる場合があるから困る。

七年ほど前の秋口だったと思う。都内で開かれた怪談会に、出演者として招かれた。いつものごとく終演後は、観客を交えた打ち上げの席が設けられた。

場所は会場からほど近い距離にある居酒屋。店の裏手には墓地が広がっていた。

乾杯が済んでまもなく、隣に座っていた若い女性ふたりが笑顔で私に尋ねてくる。

「あの……ここのお店って、何か変なのいますか？」

先刻までの怪談会の余韻を味わいながら、今度は宴席で怖さを盛りあげたいのだろう。

ふたりの顔には「できれば『いる』と言って！」と答えを求める輝きが満ちていた。

私は「何もいませんよ」と答え、あとは興味のないそぶりを決めこんだ。

それでもふたりは「本当ですかあ？」と食い下がってきたが、同じ言葉を繰り返す。

私の答えは嘘だった。

ローテーブルが並ぶ店の座敷の隅っこに、我が目は異物を捉えていた。

座敷の隅には、得体の知れない女が座っている。座敷にあがった時から視えていた。

女は泥水を吸って茶色く汚れた経帷子《きょうかたびら》をだらしなく着崩し、畳の上に片手を突いて、斜めにくたりとなって座っている。長い黒髪は波線を描いてどろどろとうねっていた。

これだけでも十分異様な雰囲気なのだが、おかしなことに女の背後には卒塔婆《そとば》が二本、にょきにょきと突っ立っている。その様はまるで、ヴィネットフィギュアのようだった。

店の裏手の墓地からやって来たのだろうか。今のところ、女は微動だにしなかったし、こちらと視線も合っていない。できればこのまま無視を決めこみたいところである。

ところがそうは問屋が卸さなかった。

「郷内さん、知ってる？　ここの店、裏がお墓になってるんですよ！」

悪戯《いたずら》っぽい笑みを浮かばせ、女性のひとりが言う。

こちらは「そうなんですか……」と興味なさげに答えたのだが、もうひとりの女性がすかさず、「そうなんですよ！　ねえ、めっちゃ怖くないですか？」と声を弾ませる。

すると座敷の隅に座る卒塔婆女が、こちらへくいっと首を振り向けた。

危うく目が合いそうなところを間一髪でかわし、テーブルの上に目を伏せる。

女性ふたりはこちらの事情などお構いなしに、墓地や寺院にまつわる怪談話を始めた。

怖々と歪ませた顔に引き攣った笑みを滲ませ、いかにも楽しそうな雰囲気である。

一方、卒塔婆女の様子をそっと探ってみると、女性ふたりに虚ろな視線を向けていた。

どうやら墓と寺の話題に反応してしまったらしい。

「せっかくの宴会ですし、そういう暗い話題はやめにしませんか？」

やんわり窘《たしな》め、軌道修正を試みたのだが、ふたりのテンションは変わらなかった。

「せっかくの怪談呑み会です！　怖い話でいっぱい盛りあがりたいじゃないですか！」

意気揚々と望まぬ答えを返しつつ、さらに話を続けていく。まもなく近くの席に座る他の参加者たちも様子に気づき、ふたりの怪談話に加わり始めた。

薄気味悪い卒塔婆女は、ますますこちらを食い入るように見つめている。今のところ、他に怪しい動きは見られないが、時間が経てばどう出てくるか、分かったものではない。関わり合いになりたくなかったし、宴席でだらだらと交わされる怪談話も苦手なので、このまま退散しようと思った。主催者に「具合が悪い」と嘘をつき、ひとりで店を出る。

夜の路上を歩き始めると、ようやく人心地つくことができた。

「やれやれ」と思いながら、何気なく背後を振り返る。

居酒屋の玄関前に卒塔婆女が突っ立って、こちらに嫌らしい笑みを浮かべていた。

ですよね。分かります。姿が視える相手のほうが絡みやすいですものね……。

一瞬ぎくりとなってその場を駆けだそうと思ったのだけれど、状況を見極めて諦めた。逃げてもどうせしつこくついてくるだろうと悟った私はその後、卒塔婆女の希望どおり、然《しか》るべき対応をとる羽目になった。

斯様な具合に、怪談関係の打ち上げでは時折、こういうアクシデントも発生したので、せっかく誘いを受けても徐々に断るようになっていったのである。

卒塔婆女は面白いことに、歩いている時は背中に卒塔婆をバッテン状に背負っていた。レアなお化けを視られたということだけは、ぎりぎり怪我の功名だったと言える。

謎の住人

宮城の田舎町で生まれ育った、西部《にしべ》さんから聞かせてもらった話である。

彼は小学二年生の夏休み、東京に暮らす伯母の家に独りで泊まりに出掛けた。

伯母の住居は、都心から少し離れた場所にある団地だった。無骨な四角い造りをしたコンクリート製の大きな建物が、敷地の中にいくつもずらりと並んでいる。

近所に小さなアパートすらもない、山間の寂びれた土地で暮らしていた西部さんには、初めて見る光景だった。田舎の家とはまるで違う異質な雰囲気に驚かされる。

部屋は上階にあった。階数は覚えていないが、壁の両脇にスチール製のドアが嵌まる折り返し階段をだらだら上っていった先にあった。

部屋に着いてからは、それなりに楽しい時間を過ごしていたのだが、まもなくした頃、トイレの使い方について伯母から小言を言われてしまう。

部屋のトイレは洋式だった。要領がよく分からず、小便をする際に便器の蓋だけ開け、便座はあげずに用を足してしまった。結果、飛散した小便で便座カバーが濡れてしまう。伯母は怒っていたわけではないのだけれど、西部さんの無知を少し馬鹿にして笑った。だが笑われた西部さんのほうは、少しで済まないほどに傷ついてしまう。

恥ずかしさに加えて反発心も抱き、伯母と一緒にいるのが嫌になった。伯母が台所に向かった隙を見計らい、西部さんは部屋から飛びだした。階段を駆けおりて外に出ると、その後は敷地の道路向かいにある公園で時間を潰す。

ちょっとした当てつけは小一時間ほどで終わった。多少なりとも伯母が心配していてくれればいいと思いながら、団地のほうへと引き返す。

ところが困ったことになった。部屋の場所が分からなくなってしまったのである。

敷地に並ぶ建物は、いずれも形が同じで判別がつかなかった。記憶を頼りにどうにか正解とおぼしき建物には目星を付けたのだが、何階だったのかは思いだせなかった。

仕方なく勘に任せて階段を上り、ここぞと思った部屋の呼び鈴を鳴らす。

がちゃりと鈍い音がして、半開きのドアから顔を覗かせたのは知らない女だった。

乾いて赤茶けた顔面の両脇に乱れた黒髪をぞろりと垂らした、薄気味の悪い女である。

気だるそうな顔つきで「何か用？」と尋ねられたが、女の雰囲気に気圧《けお》されてしまい、すぐに言葉が出てこなかった。「間違えました」と短く答え、慌てて踵を返す。

一階まで駆けおり、再び記憶を当てにしながら階段を上り始める。自信はなかったが、やはり上の階にあるドアの呼び鈴を鳴らした。

「何か用？」

まもなく半分開いたドアから顔をだしてきたのは、先ほどと同じ女だった。

だが、部屋は違う。女は先ほど間違えた部屋より上の階のドアから顔をだしている。

「さっきも来たよね？　イタズラかしら」

戸惑う西部さんに女はぶっきらぼうな調子で問いかけた。渋々事情を打ち明ける。

伯母の名前を伝えると、女は「ここがそうだよ」と答えた。そんなはずはないのだが、「留守を任されている」と女は言う。伯母は少し前に買い物へ出掛けたそうである。

「すぐに戻ってくるから待ってなさい」

手招きされて中へ入るも、なんだか腑に落ちない感じだった。

もしかしたら女は嘘を言っているのではないか。不安を抱きながら玄関口を抜けると、中の様子は紛れもなく伯母の部屋のそれだった。

「テレビを観ながら待ってようよ」

居間へ入るなり、女は薄笑いを浮かべてテレビのスイッチを入れた。

テーブルに着き、画面に視線を向けると、映っていたのは心霊物の再現ドラマだった。

何かにとり憑かれているとおぼしき若い女が薄暗い部屋の中で身を屈め、身体を前後に揺すりながら獣のような唸り声をあげている。

怖いからチャンネルを変えてほしいと思ったのだけれど、女は頬筋をだらしなく緩め、画面を食い入るような目で見つめている。言いだすことができなかった。

仕方なく視線をテーブルの上へと臥《ふ》せる。女が取り乱す怖い映像は見えなくなったが、声は大きく届いてきた。「うぉん、うぉぉん、うぉぉおおん!」と唸っている。

早く終わらないかと思うさなか、声の数がふいに増えた。

「うぉん、うぉぉん、うぉぉおおん!」と唸る新たな声が、テレビのほうからではなく、少し離れた背後から聞こえてくる。

振り返ると台所に通じる曇りガラスの引き戸が少し開いて、縦に並んだ女の顔が四つ、こっちを見ながら唸り声をあげていた。

その顔は、テレビを観ている女と瓜二つである。

ぎょっとなって腰を浮かせたとたん、女がこちらを振り向いた。

「うぉん、うぉぉん、うぉぉおおん！」

テーブルからぐっと身を乗りだし、下卑た笑みを浮かべて唸り声をあげる。

西部さんは代わりに悲鳴をあげると、一目散に部屋から飛びだした。


その後、公園に戻ってすすり泣いていると、しばらくして伯母が迎えに来た。

事情を話すと、買い物になど行っていないという。先刻からずっと西部さんのことを探していたと言われた。

伯母と一緒に帰った団地の建物は、西部さんが目星をつけて入ったそれではなかった。

ひとつ隣の建物が、伯母の部屋があるそれだった。

伯母は西部さんが無事に見つかったことには安堵してくれたが、得体の知れない女に関する話は信じてくれなかった。頭が混乱して、幻でも見たのではないかという。

もはや真偽を確かめる術はないのだけれど、当時から三十年近く経った今に至っても西部さんの脳裏には、奇怪な唸り声をあげる女の姿がはっきり残っているそうである。

取ったのは

今から四十年近く前の一九八〇年代半ば、世は空前のファミコンブームだった。毎月発売される新作ゲームソフトは飛ぶように売れたが、中古のソフトもよく売れた。物によっては数百円程度で購入できる中古ソフトは、小遣いの少ない子供たちにとって、魅力的な商品だった。

当時、小学四年生だった延《のべ》さんの地元では、デパートの一角で定期的に中古ソフトの特売会が開かれていた。当日は大勢の子供たちで会場が賑わう。

会場には中古ソフトがぎっしり詰まったワゴンが、ずらりと並ぶ。箱があるソフトもないソフトもごっちゃになって入っている。子供たちは手当たり次第にワゴンを漁って欲しいソフトを見つけだす。早い者勝ちなので人気ソフトは争奪戦になるのが常だった。さながら同じ時代に家庭の主婦たちが繰り広げた、バーゲンセールの様相である。

延さんもそんな特売会に足繁く通う、ファミコンファンの一員だった。

クリスマスの近い、冬場のことだという。

延さんは日曜日に開かれた特売会に、友人たちと一緒に出掛けた。

デパートの会場に着くと、ワゴンの周囲にはすでに子供たちの人だかりができている。

延さんたちもさっそく人だかりを掻き分け、ワゴンの縁へ陣取った。

山積みになっているソフトを手際よく掴みあげては、これぞと思う逸品を探し始める。

単に欲しいと思うだけでは駄目である。財布との兼ね合いもある。面白そうなソフトで、なおかつ限られた小遣いで買えるソフトでなければならない。

条件に合致する物があったとしても、もたもたしていると誰かに先を越されてしまう。躍起になってワゴンの中を漁りまくる。

そうしてまもなくした頃、ようやく「これぞ!」と思えるソフトを探り当てた。

それは当時大人気だった、RPGのソフトである。

カセット部分は擦り傷が目立ち、表側のラベルは泥水でも吸ったような茶色い汚れに染まっている。おまけに裏側のラベルには、マジックペンで他人の名前が書いてある。

見てくれはひどいものだったが、代わりに値段は五百円と破格である。

中古でもまともな状態ならば二千円ほどするソフトだった。しかも延さんが以前から欲しいと思っていたソフトでもある。予期せぬ幸運な事態に両手が震える。

その時だった。手にしたソフトが、突然横から掠《かす》め取られた。

はっとなって振り向くと、隣にへらついた笑みを浮かべた男の子が突っ立っている。

それは紀夫《のりお》君という、延さんの同級生だったのだが、彼の顔を見るなり息が詰まって、みるみる背筋が冷たくなってしまう。

紀夫君は半年ほど前に交通事故でこの世を去っていた。即死だったと聞いている。

そんな事実を物語るかのように、紀夫君の頭は右側の部分が斜めにべこりとへこんでまるで猛獣に齧《かじ》り取られたかのような有様になっていた。到底生きていられる状態には見えなかったし、現に紀夫君は間違いなく死んでいる。

それなのに当の本人はへらついた笑みを浮かべながら、こちらをじっと見つめていた。

何か声をかけようと迷うさなか、紀夫君はへらへらしながら踵を返し、ワゴンに群がる人垣を掻き分けながら消えていった。ソフトを片手に掴んだまま。

その後、生まれて初めて過呼吸を起こした延さんは、デパートの医務室に運びこまれ、ソフトは何も買えずに家路をたどったそうである。

子供呑み会

会社員の宇藤《うとう》さんが、小学三年生の時に体験したという話である。

ある日のこと、友人の都崎《とざき》君から「呑み会やろうぜ」と誘われた。

「呑み会」と言っても本当に酒を呑むわけではない。やるのはあくまで形だけ。

都崎君は前々から、大人たちが酒を呑む時の雰囲気に強い憧れを抱いていた。

たとえば、結婚式や法事の席でのことである。自分の親や親類たちが酒を酌み交わし、呑めば呑むほど正体の怪しくなっていく様が、見ていて大層面白いのだという。

いつもは口数の少ない親類も、呑めばへらへらと馬鹿げたことをよく喋るようになる。

普段はまともに口を利くことのない伯父は、酔うと無闇に小遣いをくれるようになる。

日頃は堅物でしかめっ面ばかりしている自分の祖父は、呑み過ぎると満面を弛緩させ、この世のものとは思えないおぞましい歌や踊りを披露するようになる。

ここまであからさまな変貌はなくても、酒を呑んだ大人というのは大抵、陽気になる。楽しそうなので自分も呑んでみたいのだけれど、子供がゆえにそんなわけにもいかない。ならばせめて、嘘でもいいから雰囲気だけでも味わいたいとのことだった。

馬鹿馬鹿しい話ではあったが、子供がゆえに馬鹿馬鹿しいことをするのは好きである。宇藤さんを始め、四人の友人たちが「呑み会ごっこ」をすることになった。

ごっこ遊びといえども、下手に大人の目に触れたら面倒なことになりそうだったので、会場は地元の廃墟を選んだ。いつも遊んでいる公園の近所にある、薄墨色の建物である。昔は工務店の事務所だったらしいのだが、この頃は子供たちの遊び場になっていた。

酒の代わりに呑む物は、みんなで知恵を絞って厳選した。

ビールの代わりは栄養飲料系で色の黄色い炭酸ジュース、日本酒はスポーツドリンク、ウイスキーはウーロン茶といった具合である。つまみだけは裂きイカやピーナッツなど、呑み会で食べるっぽい本物を揃えた。

休日の昼間にそれらを引っさげ、廃墟の一室で馬鹿馬鹿しい余興を始める。

都崎君の陽気な「かんぱ〜い」の音頭を合図に、互いに手にした紙コップを重ね合い、雰囲気だけの酒を味わった。

本当はジュースや茶だと分かっていても、裂きイカだのピーナッツだのを齧りながら呑んでいると、なんだか妙な気分になってしまう。

それに加えてコップの中身をぐっと呷《あお》るたびに、誰の口からともなく「うぃ～」やら「ふう～」といった、脱力気味の呻《うめ》き声もあがるので、なおさら変な感じになってくる。

そこへ調子づいた友人のひとりが酔っ払いの真似事を始め、千鳥足の怪しげな踊りを披露してみせたらもうダメだった。宇藤さんたちも次々と即興の酔っ払い芸を編みだし、場は一気に本物っぽい呑み会へと豹変する。

雰囲気酔いという現象があるが、この時の宇藤さんたちがまさにそうした状態だった。本物の酒で酔った経験もないというのに、気分はどんどんハイになって楽しくなった。炭酸ジュースのビールやウーロン茶のウィスキーをぐいぐい呷りながら、友人たちの繰りだす「呑み芸」にゲラゲラ声をあげて笑う。自分も変な替え歌を披露した。

呑み会って、こんなに楽しいものだったのか。

「宇藤君、キミ～、今夜は私の驕りだから、もっとグゥ～ッとやってくれたまえ！」

都崎君が泥酔した社長のような物真似をしながら、肩に腕を回してくる。

それを見た他の友人たちが「我々にも奢ってくださいよ～！」と口々に叫び始める。

みんなでふらふらしながら笑い合っていた時だった。

「社長、俺にも奢ってくださいよ〜」

ふいに野太い男の声が聞こえた。

ぎくりとなって振り向くと、部屋の戸口に薄汚れたジャンパーを着た男が立っていた。顔には呆けたような薄笑いが浮かんでいる。一同、厄介なことになったと思う。

宇藤さんたちの前に現れたのは、地元でドロ助と呼ばれているホームレスだった。

彼はだいぶ前から、地元に架かる橋の下に貧相なバラック小屋を建てて暮らしていた。子供に危害を加えるような話は聞いたことがなかったが、飲食店の裏でゴミを漁ったり、神社の賽銭を盗んだりしているという噂なら聞いている。

斯様な人物ゆえ、大人や学校からは「彼には関わらないように」と常々言われていた。

思いがけないトラブルの予感に身が強張る。

「すみません、今日は無礼講なので、僕たちだけで呑みたいんです……」

怖じ怖じしながら都崎君が答えると、ドロ助は寸秒置いて「はっ！」と笑った。

「おめえ、無礼講の意味分かって言ってんのか？　無礼講ならいいだろ。呑ましてくれ。ひとりで全部呑んだりしねえからよ」

へらへら笑いつつ、都崎君の答えを待たずにドロ助が寄ってきた。車座になっていた一同の輪に割りこんで、どっかり腰をおろしてしまう。

「ついでくれ。なんでもいいよ」

勝手にピーナッツを頬張りながら、空の紙コップを顎でしゃくる。都崎君が苦い顔を浮かべつつ、炭酸ジュースをコップに注いだ。

ドロ助はひったくるようにそれを受け取るや、ぐいっとほとんど一気に飲み干した。

「うい〜、さっそく効いてきたみてえだぞ。おめえらもどんどん呑めっての」

都崎君におかわりを催促しつつ、ドロ助がみんなに向かって笑いかける。

目の色がどろんと沈んだ、とても嫌な感じの笑みだった。

無下に断ることも、逃げだすこともできず、仕方なしに宇藤さんたちも飲み物を呷る。

ドロ助はそんな宇藤さんたちの様子を下卑た笑顔で眺めながら、わざとらしく身体を左右にふらつかせ、いかにも「酔った」というふりをし始める。

「うい〜、なんだかいまいち盛りあがんねえなあ。歌でも唄って陽気にやろうや」

やはり身体をふらふらさせながら、ドロ助が言った。仏頂面で様子をうかがっていた宇藤さんたちには、駄目だしもいいところだった。

「なんでもいいから唄えよ」とドロ助が言う。宇藤さんたちは小声で相談し合った結果、当時流行っていたアニメの主題歌を唄うことにした。

怖じ怖じしつつも唄い始めると、ドロ助は「ふへへへへ……」と小馬鹿にしたような笑い声を漏らし、淀んだ目つきで宇藤さんたちを眺めだす。

ようやくの思いで唄い終わって安堵したのもつかのま、ドロ助は大仰に拍手をすると、「いいぞ、もう一曲行け！」と叫んだ。やむを得ず、言われたとおりにする。

ジュースとウーロン茶をガブ飲みしているだけだというのに、ドロ助もまるで本当に酔っているかのように振る舞った。

二曲目を唄い終えても間髪容れずに拍手をしながら、「次も行けよッ！」と言い放つ。身体は相変わらずヤジロベーのようにぐらぐらと揺れ動き、呂律も回らなくなっている。半笑いを浮かべた顔は、心なしか赤くなっているようにも見えた。

もしかしたら、ここへ来る前に一杯引っ掛けて来たのではないかと思うほどだったが、ドロ助の身体からは饐《す》えた臭いがかすかに漂うばかりだけで、酒の臭いはしなかった。

一体、いつになった解放してもらえるのだろう……。

予期せぬ不本意な合唱を強いられ、五曲目を唄い始めた頃だった。

それまで床の上に胡坐《あぐら》をかいていたドロ助が、やおら萎れたような動きで寝そべった。だらりと手足を投げだし、顔を天井に向けて大の字になる。

ドロ助は初めのうち、陽気な笑みを浮かべながら天井を見あげ、「あーうー」などと呻いていたが、まもなく顔から笑みが消え失せ、能面のような面持ちになった。

呻き声も止む。

何事かと思って様子をうかがい始めた矢先、ドロ助の身体がびくんと大きく波打った。続いて「うがっ」と咳きこむような声があがる。次の瞬間、ドロ助が壊れた。

怒声とも悲鳴ともつかない叫び声を張りあげ、手足をめちゃくちゃに振り回しながら、埃にまみれた床の上をのたうち始める。その様はまるで、巨大な芋虫のようだった。

何かの発作を起こしたものか、あるいはつまみを喉に詰まらせでもしたものか。

原因は分からなかったが、とにかく尋常でない様子だということだけは明らかだった。下手をしたら命も危ういかもしれない。

なんとかしなければいけないと思ってはいるのだが、あまりに乱れたドロ助の様子にすっかり竦《すく》みあがってしまい、その場に硬直するしかなかった。宇藤さんだけではなく、他の友人たちも皆、蒼ざめながらドロ助の様子を見つめている。

声の調子も凄かったが、右へ左へ転がる動作も凄まじかった。目にも止まらぬほどに動きが速い。あまりの速さに残像が生じ、手足が余計に見えるほどだった。

否。初めはそう思っていたのだけれど、固唾《かたず》を呑んで見つめているうちに宇藤さんは、本当に手足が増えていることに気がついた。

じたばたと身を転がしながらばたつく手足に混じって、生白い肌が剥きだしになった細い手足が、ドロ助の身体の中から生えている。

まさかと思って目を凝らしてみたのだが、やはり間違いなかった。

どう見てもドロ助の物とは思えない手足が四本、転がる身体の中に紛れこんでいる。

宇藤さんと前後して、都崎君と友人たちも異変に気がついた。誰かが「おい……」と囁いたのを皮切りに、みんなが口々に「うん」と答えて身構えた。

そのまま様子を見ていると、まもなく手足の他にばさばさした黒い塊も見えてきた。

場所はちょうど、ドロ助の胸元辺り。仔細は確認できなかったが、どう見てもそれは人間の頭でしかなかった。

とたんにドロ助の動きが勢いを増す。声もさらに大きく、獣じみたものになった。

次の瞬間、薄汚れた床の上でドロ助の身体がふたつに分かれた。

手足の細長い、素っ裸の女。それがドロ助の前半身から突きだされるようにして離れ、ごとりと硬い音を鳴らして、床の上に転がった。

一瞬、生身の女と見紛えたそれは、等身大のマネキン人形だった。

身体のバランスや髪質も含め、作りは極めて精巧だったのだけれど、目玉はなかった。生白い顔の目があるべきところには、蛇の巣を思わせる黒くて丸い穴が開いていた。

マネキンは仰向けの姿勢で横たわり、無言のまま、黒い眼窩《がんか》で天井を見あげている。

一方、ドロ助のほうもぴたりと声を止め、ぐったりとなって口から泡を噴いていた。

ドロ助が黙った代わりに宇藤さんたち全員の口から、一斉に悲鳴があがる。

それを合図に、全員脱兎のごとく廃墟を飛びだした。

そのさなか、誰の口からともなく「何あれ、何あれ！」と疑問の叫びが飛びだしたが、まともに答えられる者はいなかった。

だが、「あの場にマネキンなど絶対になかった」という、紛れもない事実。

それに加えて「マネキンは間違いなくドロ助の身体から出てきた」という意見だけは、全員の間で一致した。

その後、廃墟の近隣住人に事情を知らせ、ドロ助は救急車で運ばれていった。

くわしいことは分からなかったが、ドロ助は結局、死んでしまったそうである。

騒動があって以来、件の廃墟は立ち入り禁止となり、数年後には取り壊された。

ドロ助とマネキン人形の一件は、しばらくの間、学校じゅうで大きな噂になったため、中にはこっそり廃墟へ様子を見にいく児童もいた。

嘘か実《まこと》か、彼らの話によると、宇藤さんたちが呑み会ごっこを催した廃墟の一室には、確かに目玉の部分が刳り抜かれた裸のマネキン人形が転がっていたそうである。

くるくる回って

こちらも人形にまつわる話である。加部《かべ》さんという、現在四十代になる方から聞いた。彼が中学生の頃だという。

ある日の放課後、通学路の途中にあるゴミ捨て場で気になる物が目に入った。古びた段ボール箱の中に入った、VHSのビデオテープである。

箱の蓋は片側が開いて、がちゃがちゃと乱雑に詰めこめられたテープが覗いている。テープは全部で二十本近くあった。ラベルにはローマ字とアラビア数字で構成された、コード名のようなものがマジックペンで書かれている。

内容を判別するヒントにもならないものだったが、いかにも怪しげな雰囲気からして、もしかしたら裏ビデオのたぐいではないかと思った。俄然興味が湧いてしまう。

周囲に人の目がないのを見計らうとテープを数本、鞄に詰めこみ帰宅した。

自室に戻り、さっそくテープを再生してみる。

テレビには銀色のノイズが映るばかりで、音すら流れてこない。

早送りをしても変化はなかった。次のテープを再生しても中身はまったく同じである。

その次のテープも同じだった。無音を背景にちらちらと蠢くノイズが映るだけである。

がっかりしながら新たなテープをデッキに押しこみ、再生ボタンを押す。

すると、今度はしっかり像を結んだ映像が流れ始めた。

ホームビデオのようである。どこかの座敷とおぼしき場所で、小学校低学年くらいの女の子が、笑みを浮かべてくるくると回っている。

白いワンピースを着た女の子だった。両手をまっすぐ前に伸ばして回っている。

伸ばした手の先では、人形も一緒に回っている。金髪頭に青いドレス姿の人形である。

女の子は人形と両手を繋ぎ合わせながら、畳の上でくるくると回っていた。

つまらない映像である。一瞬、期待してしまった分、落胆も大きかった。

捨ててしまおうと思い、デッキに向かって近づいた時、画面に生じた変化に気づく。

くるくる回る女の子の服の色が、白から青へ一瞬で変わった。

同時に髪の毛の色も黒から金色へ変わる。

怪訝に思って目を凝らして見ると、女の子は青いドレスを着た人形に姿を変えていた。人形といっても、身の丈が一メートルほどもある巨大な人形である。

一方、女の子のほうは、人形が伸ばした両手に手を掴まれ、一緒になって回っている。こちらは最前までの人形と同じ、乳飲み子くらいの背丈に縮んでいた。

見間違いではないし、見れば見るほど特撮のたぐいとも思えない。

くるくる回る大きな青いドレスの人形は、黄色みがかった無機質な顔面をちらつかせ、目玉はガラスかプラスチックを思わせる、硬くて虚ろな光を放っている。

対照的に小さく縮んだ女の子のほうは、血の気の通った面貌と輝く笑みはそのままに、身の丈だけがありえないほど小さくなって、大きな人形にくるくると回されている。

そんな様子が数分続いて、映像は途切れた。画面は銀色のノイズに変わる。

もう一度巻き戻して映像を確かめる気にはなれなかった。

気づかぬうちにいつのまにか、背中が冷や汗でぐっしょりと濡れていた。

己の防衛本能とおぼしき直感が、テープを所持しておくことを全力で忌避し始めた。すぐにデッキからテープを抜きだすと、急ぎ足でゴミ捨て場に戻してきたそうである。

薄気味悪い人形の映像は、加部さんの記憶の中にだけ、いつまでも残るのみとなった。

拾ったばかりに

連想遊びのような調子で、締めにもう一話、拾い物にまつわる話をお送りする。
柳辺《やなべ》さんが小学五年生の頃、休日にひとつ年下の弟と遊びに出掛けた時のことである。
自宅の近所に延びる田舎道を歩いていると、道端に狐の像が落ちているのが目に入る。
お稲荷さまのお社に祀る、小さな陶器の白い像である。
弟が「珍しいからもらう」と言って、手に取った。
柳辺さんは「やめろ」と諌《いさ》めたが、聞く耳を持たない。
弟は狐の像を片手に笑いながら走りだす。
次の瞬間、脇道から出てきた車に弟は撥ねられた。
首の骨を折り、ほとんど即死だったという。
路上に転がった狐の像も、首から上だけが粉々に砕け散っていたそうである。

ジョッキー　其の一

有美《ありみ》さんが、お盆に家族と墓参りへ出掛けた日にこんなことがあったそうである。

自家の墓に手を合わせ、帰り足に就く途中から、次第に肩が異様に重たくなってきた。

家族に異変を訴えると「肩凝りではないのか？」と言われたが、肩は凝る質《たち》ではない。

「違うよ、重いだけ」と返したら、「そういうのが肩凝りというんだ」と笑われた。

肩の重さは帰宅してからも続いた。時折、きつく締めつけられるような感覚も覚える。

湿布を貼っても症状は一向に治まる気配がなかった。

重苦しさはそのうち肩から全身にまで広がり、まともに動くことさえ辛くなってくる。

横になって呻いていると、母から「お風呂に入ってみたら？」と勧められた。

効き目は大して期待していなかったのだけれど、僅かであっても楽になるならと思い、ようやくの思いで風呂場へ向かう。

身体は感覚的に重苦しいというより、本当に重たかった。脱衣所で服を脱ぎかけた時、ちらりと目に入った体重計になんとはなしに乗ってみる。

メーターを見ると、体重が二十キロ近く増えていた。

「えっ？」と目を瞠《みは》った瞬間、すぐ耳元で「ああ……」と甲高い声が呻いた。

小さな子供のような声だった。隠し事がばれた時のような、口惜しそうな呻きである。

とたんに肩の重みがぱっと消え、全身を蝕んでいた重圧感も嘘のように治まった。

二度と同じ思いをしたくないと蒼ざめた有美さんはその後、墓参りに出掛ける時にはかならず手首に魔除けの数珠を巻いていくようにしているという。

ジョッキー　其の二

中学教師の玄田《げんだ》さんが、十年ほど前に勤めていた中学校でこんな体験をしたという。

朝方から雲行きの怪しい、梅雨時のことだった。

当時、清掃委員会の顧問だった玄田さんは、放課後に委員の生徒たちを引率しながら、校内の敷地でゴミ拾いと草むしりに勤しんでいた。

曇天模様の空の下、しばらく作業を続けていると、しだいに催してきてしまう。

初めは我慢できると見越していたのだが、いくらも経たずに我慢が利かなくなった。

まだまだ作業の途中だったため、校内の職員トイレまで行くのは時間の浪費と感じる。

仕方なく、グラウンドの片隅にある屋外トイレで用を足すことにした。

生徒たちの噂では「幽霊が出る」とのことで、部活中にも使われていなかったのだが、玄田さんは幽霊など信じていなかったので、気にせず屋外トイレへ向かった。

中は窓が北側に面しているせいか、薄暗く黴《かび》臭かった。確かに少々不気味な感じだが、こんな雰囲気のトイレなら、世間にいくらでもある。

急ぎ足で小便器の前に立ち、無事に用を足し終えた時だった。

右の肩に何かが「ずん」と乗っかる重みを感じた。

振り向くと、目の前に女の顔がある。一瞬、肩に顎を乗せているのかと思ったのだが、女は首から下がなかった。肩に乗っているのは、首の付け根の部分である。

ぎょっとなるなり、女は玄田さんの顔に向かって「ふっ」と息を吹きかけた。

悲鳴をあげてトイレを飛びだすと、首は肩から消えていたが、重みは少し残っていた。数日経っても違和感が消えない。

ようやく解消されたのは、週末に親の付き添いで近所の神社へ出掛けた時だった。

重みは鳥居をくぐったとたん、嘘のように消えてしまった。

のちになって生徒の噂話をくわしく調べてみたところ、件の屋外トイレに現れるのは、女の幽霊であることが分かった。その昔、トイレで首を吊った女生徒の霊だという。

自分がトイレで見たものに印象を当て嵌めると、差し当たり「首」という要素だけは合致していたと、玄田さんは震えながらに語ってくれた。

メッセージ

数年前、千穂子《ちほこ》さんは交際中の彼氏を交通事故で亡くしている。

二十五歳のあまりに早い旅立ちだった。

多大な悲しみに暮れながら葬儀には出席したのだが、その後の四十九日法要などには顔をださず、墓参りにも行っていない。

葬儀の翌日、枕元に彼氏が現れ、こんなことを言われたからである。

「待ってるからな。すぐ来いよ」

ぎょろりと目玉を剥きだしたその顔には、背筋が凍りつくような笑みが浮かんでいた。

これ以上、下手に関わったら、無理やり連れていかれるのではないか。

迷い出てきた彼氏の笑顔と言葉に慄き、死後の縁は断ち切ることにしたのだという。

いるはずないけど

会社員の殿山《とのやま》さんが、高校時代に体験したという話である。

夏休みの夜更け過ぎ、地元の友人宅に気の合う同士が集まっていた時のこと。

対戦型格闘ゲームの勝ち抜き大会に負けた殿山さんは、罰ゲームをすることになった。

やるべきことは、ジュースの買いだしだったが、行くべき場所が問題だった。

ジュースは近所の墓地の中にある、自動販売機で買ってこなければならなかった。

墓地は友人宅の裏手に延びる、坂道を上った先にある。自販機は元々、道路に面した駐車場の片隅にあったのだが、数年前に区画工事がおこなわれた際、どういうわけだか墓地の奥のほうへと動かされてしまった。以来、ずっと同じ場所に置かれている。

嫌だと思っても、罰ゲームなので断ることはできなかった。懐中電灯を一本借り受け、友人たちに冷やかされながら家を出る。

夜の闇にどっぷり染まった坂道を恐る恐る上っていくと、まもなく道路沿いの外灯に薄く照らしだされた墓地の様子が見えてきた。息を呑みつつ、中へと入る。

自販機を探しだすのに苦労することはなかった。無数に並ぶ墓石の間から煌々とした明かりが漏れているので、それを頼りに進んでいくだけでよかった。

ところが暗がりの遠くに自販機が見えてきた時、ぎくりとなって足が止まってしまう。

自販機の前に人が立っているのが見えたからである。

数は複数。四人が並んで立っている。商品窓から漏れる光にぼやけ、仔細ははっきり分からなかったが、背恰好は自分と大して変わらないようだった。

地元の不良だろうかと思い、身構えながらさらに視線を凝らしてみる。

するとなんのことはない。自販機の前に立っていたのは、殿山さんの友人たちだった。先回りして自分を脅かそうという魂胆だったのだろう。けれども手筈がなっていない。脅かす前にバレバレである。

自販機の裏にでも隠れていろよと呆れながら、早足で近づいていく。

「おい、バカかお前ら！　半端に脅かしてんじゃねえよ！」

笑いながら声をかけると友人たちも笑みを浮かべ、片手を上にあげてみせた。

次の瞬間、ふつりと消える。

友人たちは自販機の前からひとり残らず、跡形もなく消え失せてしまった。

慌てて駆け寄ってみたのだが、やはりいない。自販機の裏側や近くの墓石の陰なども調べてみたが、彼らはどこにも見当たらなかった。

信じられない気持ちになりながら、今度は携帯電話で友人の番号を発信してみる。

電話はすぐに繋がり、スピーカーから「なんだよ?」という友人の声が聞こえてきた。近くでは他の友人たちの声やゲームの音楽も聞こえている。

事情を説明したが、げらげら笑われておしまいだった。狐に摘まれたような心地でどうにかジュースを買って友人宅へ駆け戻った。

当時から十年近い月日が経つが、暗闇に包まれた墓地の中、自販機の前に並んで佇む友人たちの姿は、今でも脳裏に焼きついて離れないという。

合掌団

月遅れ盆の夕暮れ時、高間《たかま》さんは独りで自家の墓参りに赴いた。

すでに辺りの景色が薄く陰りを帯びる時間帯ということもあり、墓地に人の姿はない。

さっさと拝んで切りあげようと思い、墓前に向かって瞑目しつつ手を合わせる。

ヒグラシの声を聞きながら元来た道を引き返していると、いつのまにか墓地の一角に人影があることに気がついた。それもひとりではなく、大勢である。

黒い喪服姿の男女が十数名ほど、ひとつの墓石の前へ前後二列になってしゃがみこみ、静かに手を合わせている。

年頃は様々で、年配の男女もいれば中年に青年、中には小さな子供も交じっていた。

いずれも微動だにせず、墓石に向かって黙々と手を合わせている。

彼らが拝んでいるのは、高間さんが知っている家の墓だった。足立《あだち》家の墓である。

足立家は、高間さん宅からほど近い距離にある家である。深い付き合いはなかったが、会えば挨拶ぐらいはするし、家族構成も知っている。

祖父母と息子夫婦、中学生になる娘がふたりの六人家族。そして犬が一匹いる。

墓を拝む集団は、足立家の身内だろうか？

けれどもお盆参りで全員喪服姿というのも妙である。

さりとて、足立家で不幸が出たという話も聞かない。

不審に思って様子を見ていると、ふいに彼らが一斉にこちらを振り向いた。

いずれも饅頭のように真っ白い顔をしていて、目も鼻も口もなかった。

思わず「ぎゃっ！」と叫んで視線を背ける。だが、恐る恐るもう一度見返してみると、墓の前には誰の姿も見当たらない。ほんの一瞬の出来事だった。

不穏な気分を抱えて帰宅すると、妻から事故の話を聞かされた。

足立さんの長女が少し前、自宅の近くで軽トラックに撥ねられたのだという。

事故の直後は意識があったらしいが、その二日後には彼女の通夜へ赴くことになった。

喪服姿の集団は虫の報せのようなものだったのかと、高間さんは考えている。

墓穴を掘られる

私自身の話である。

あまり後味の良くない話なので、気の進まない方は読み飛ばしていただいて構わない。

二〇一七年の夏だったと思う。

素谷《すや》さんという若い男性客が、私の仕事場を訪ねてきた。

挨拶を済ませたあとに用件を伺うと、彼は持参した段ボール箱を私の前に差しだした。

片手にぎりぎり載るくらいの小ぶりなサイズの段ボール箱である。

「何が入っているんですか?」と尋ねた私に、彼は「見れば分かるはずです」と言って、おもむろに箱の蓋を開けてくれた。

中には藁《わら》人形が一体と、白い封筒が入っていた。

人形の胴体には素谷さんの名前が書かれた紙が、五寸釘で打ちつけてある。

「これって呪いの藁人形ですよね……？」

顔つきを強張らせた素谷さんの問いかけに「デッサン人形ではないですね」と答える。

藁人形は段ボール箱に詰められた状態で、数日前に届いたのだという。

差出人には男とも女ともとれる名前と住所が記載されていたが、名前はおそらく偽名、住所も調べてみたら出鱈目だと分かったらしい。

「何か人から恨みを買うような事情でもあるんですか？」

首を傾げた私に、彼は封筒の中身を取りだして見せた。

「誹謗中傷、ありがとさん。これはほんの気持ちです。末永くどうぞ」

コピー用紙に黒いボールペンで、不穏な文言が書き記されている。

「言いづらい話なんですけど、実はかなりやらかしてまして……」

こちらの顔色をうかがうように語り始めた彼の説明によると、数年前からネット上で誹謗中傷や荒らしに該当する行為を繰り返しているとのことだった。

噛みつく相手の基準は特にない。生理的に気に食わなかったらとりあえず絡む。

ＳＮＳのアカウントは複数持っていて、臨機応変に使い分けながら赤の他人に対して心無い攻撃をしまくっている。匿名掲示板や口コミサイトも彼のフィールドだという。

「『誹謗中傷、ありがとさん』って言葉から、相手は絶対、自分が前に嫌がらせをしたネット民だと思うんですけど、犯人の特定と呪いの解除ってしてもらえないですか？」

「呪いの解除はともかく、犯人の特定は難しいですね。犯人というか、厳密に言うならあなたの被害者ということになるんでしょうけど。誰か心当たりはないんですか？」

こちらの質問に素谷さんは、「心当たりがありすぎて特定は厳しいです」と答えた。

不毛な議論を交わしたり、ましてや説教じみたことを言って顰蹙《ひんしゅく》を買うのも嫌なので、彼の希望どおり、解呪はして差しあげることにする。

拝み屋の師匠や知人の同業者から教えてもらった解呪の作法を知っていることもあり、対処の幅は広めである。なまじの呪いであれば、効力をなくすのは割合簡単だった。

仕事場の祭壇に藁人形を箱ごと置いて、誰かがこめた負の念を丁寧に消し去っていく。解呪は十分足らずで無事に終わった。人形は単なる藁の塊に戻ったというわけである。

「これでもう害はないと思いますので、お持ち帰りいただいて大丈夫です」

明るく弾んだ声で告げると、素谷さんは「えっ？」と呻いて露骨に顔を歪ませた。

「できればこちらで処分していただきたいんですけど、お願いできませんか？」

「それは別に構いませんけど、処分は別料金になりますよ。よろしいでしょうか？」

「いくら？」と訊いた彼に、普段は発生しない処分費をかなり高めの額で提示する。

案の定、素谷さんは「やっぱり自分で処分します」と答え、箱ごと人形を受け取った。

「これから気をつけることとか、なんかアドバイスってないですか？」とも訊かれたが、

「特にありません」と答え、お引き取りいただく。

素谷さんは藁人形の詰まった小箱を抱え、いくらかしょんぼりしながら帰っていった。

お気の毒なことである。

「気をつけること」も何も、普通の頭で考えれば幼稚園児でも分かりそうなことだった。

わざわざ説明するまでもなかろう。だから敢えて口を噤《つぐ》んだのである。

面白半分に他人様を傷つけるものではない。

単なる道徳上の問題である。子供の頃に誰でも習う。せいぜい悔い改めるがよかろう。

自分の口からそうした意向が一切出てこなかったのは、残念至極なことだった。

けれども今さら心を入れ替えたところで、今後の身の安全が保証されるとは限らない。

世の中には「反省」などでは拭いきることのできない、ぞっとするような真理もある。

無闇に他人をからかうな。相手がどんな奴だか、知れたもんじゃないんだから。

顔も見えないネット上の他人が相手なら、なおのこと警戒すべきである。

何しろ加害者の素性を調べあげ、住まいに藁人形を送りこんでくるような人物なのだ。

呪いの力も堂に入っている。実を言うと解呪に要した時間は、いつもの倍近くかかった。

本人にそうした心得が十分にあるか、相応の場数を踏んできたプロに依頼したものか、術者までは特定できなかったが、どちらであっても質の悪さに変わりはない。

みだりに依頼主を怖がらせるのも憚《はばか》られるため、口にはださずに済ませたのだけれど、呪いは別に相手へ藁人形などを送りつけなくても、陰で秘密裏に遂行することができる。

というか呪いとは本来、そのようにひっそりとおこなっていくものである。

私が藁人形の呪いを解いても、今後はネタバレなしで陰から別種の呪いをかけていくつもりかもしれないし、あるいはすでに始めている可能性も考えられなくはない。

どちらも状況から判じた憶測に過ぎないが、現実的に十分あり得そうな流れではある。

これから厄介なことにならなければいいがと思った。

とはいえ私の仕事は終わりである。藁人形の解呪はしっかりとおこなった。

素谷さんには帰りしな、「私にできるのはこれで精いっぱいです」と伝えてあるので、今後は何かトラブルが生じても自分でなんとかするか、他の同業者を頼りにするだろう。

私などよりはるかに腕が良くて人格的にも優れた拝み屋は、探せば世間に五万といる。


後日、素谷さんから電話で再び連絡が入った。

「あまり体調が良くないので、もう一度見てほしい」とのことだった。

元より見る気はなかったのだが、「原因が呪いだったらムカつきますよね！」という暴言が出たこともあり、「医者に行ったらいいんじゃないですか？」と突っぱねた。

以来、彼から連絡はないので、今はどうしているのか分からない。

元気でいればいいのだけれど。

ぶわっくしょん！

紀乃《きの》さんが小学校時代、一度だけ体験したという怪異じみた出来事。

ある冬の夕暮れ時、彼女は居間の炬燵に座ってテレビを観ていた。

夢中になって画面に食い入っていると、炬燵《こたつ》の中からふいに「ぶわっくしょん！」とくしゃみを発する男の声が聞こえてきた。

この時、家にいたのは紀乃さんひとりだけである。

反射的に炬燵布団を捲り返して中を覗いてみたのだけれど、誰の姿もなかった。

だが、くしゃみの音は、気のせいでは済まないほど大きなものだったし、炬燵の中で伸ばしていた紀乃さんの脚の脛《すね》には、くしゃみの飛沫とおぼしき湿り気もついていた。

大して怖くはなかったけれど、気持ちの悪い体験だったと紀乃さんは語っている。

会いに来た

由梨乃《ゆりの》さんが小学二年生の時のこと。

三時間目の授業中に催してしまった彼女は教室を抜けだし、トイレへ向かった。

個室のドアを開けると、目の前に蒼ざめた母の顔があって、にこにこと笑っている。

思わず悲鳴をあげて飛び退いた次の瞬間、母は個室の中から姿を消していた。

変な幻を見たなと思いながら午前の授業を終え、給食を食べている時だった。

血相を変えた教頭先生に呼ばれて職員室へ向かうと、母が買い物先のスーパーで倒れ、救急搬送されたと知らされた。一時間ほど前のことだという。

すぐに病院に駆けつけたのだけれど、母はその日のうちに息を引き取った。

死因は脳血栓だったという。

訴え

昭和時代の終わり頃、三橋《みつはし》さんが小学四年生の時にあった話だという。

当時、三橋さんは、校内に設けられた歴史クラブに所属していた。

字面こそ堅苦しそうな響きだが、活動内容は放課後、週一回のペースで近所の史跡や神社仏閣、古老の家などを訪ね、地域の歴史について緩く学ぶというのが趣旨である。

所属できるのは四、五年生の児童のみ。メンバーは三橋さんの代で十名ほどいた。

交通手段はどこへ行くにも徒歩だったため、活動の半分は散歩のようなものだった。

顧問の先生に連れられ、クラブの仲間たちとおしゃべりしながらいろんな道を歩くのが楽しかったという。

季節が秋口に差しかかり、肌身に受ける風も涼しくなってきた頃のことである。

その日は貝塚を見学しに行くことになった。

場所は学校から少し歩いた距離にある、小さな溜め池のほとり。近くには鬱蒼とした林が広がっている。周囲に人家のたぐいはなく、昼でも陰気な雰囲気を醸しているので、普段は好んで足を運ぶところではなかった。

現地に到着すると、貝塚を示す石碑を前に先生の解説が始まった。

芥屋《けや》先生という四十代の男性教諭で、冗談や時事ネタを交えた話の仕方が滅法面白い。先生が口を開くと、三橋さんたちはいつも食い入るように聞き入っていた。

ところが解説が始まってまもなくすると、思わぬ邪魔が入ってしまう。

三橋さんたちが集まるそばに向かって、どこからともなく女が近づいてきたのである。

「あのぅすいません、あのー」

白いブラウスに黄色いロングスカートを穿いた、歳の若い女だった。

見た目は至って普通なのだが、女は言葉の抑揚がおかしく、様子もなんだか妙である。

「いいですか、あのー？　すいませぇーん、いいですかー？」

女は満面に虚ろな表情を浮かべ、頻りに小首を傾げながら何度も先生に呼びかけた。

「どうしました？」

先生が応じると一拍置いて、女の口から訳の分からない言葉が飛びだす。

「あのすいませーん、殺されたんですがどうすれば？　ほんとにあのぉすみませーん」

一瞬、耳を疑ったが、言葉を聞いた先生とクラブの仲間たちは、一斉に顔色を変えた。

「殺されたんです、あのー、何をすればーいぃいですかー？」

女は確かに「殺された」と言っていた。

「誰が？」と訝しんだが、話し方が不明瞭で要領を得ない。

先生が「落ち着いてください」と宥めたが、女の訴えは止まらなかった。細い身体を忙しくなく捩らせながら、なおも執拗に「殺されたんですー」と喚き続ける。

その場になんとも言えぬ不穏な空気がたちこめるなか、三橋さんたちが息を呑みつつ、成り行きを見守っていた時だった。

女が突然、消え失せた。

まるでテレビを消したかのように、目の前からぱっと姿が消えてしまった。

短い沈黙のあと、三橋さんたちの口から一斉に悲鳴があがった。先生も一緒に叫んだ。

慌てて周囲に視線を巡らせてみたのだが、いくら探せどやはり女の姿は見当たらない。

「お化けが出た！」ということになり、泣きだす者まで出る始末だった。

先生も否定はせず、「帰るぞ！」ということになり、逃げだすようにその場を去った。

噂はたちまち学校じゅうに広がり、校内はしばらくお化けの話題で持ちきりになった。けれども三橋さんが卒業する頃には、ほとんど話題に出ることもなくなってしまう。三橋さん自身も時が経つにしたがい、思いだす機会がめっきり少なくなっていった。

お化けの記憶が再燃したのは、大学受験を間近に控える頃だった。

地元で身元不明の白骨死体が見つかったとのニュースが流れた。場所は貝塚の近くに広がる林の中である。

それからまもなく、骨は十年近く行方不明になっていた、若い女性の物だと分かった。発見時の状況などから殺人の可能性が疑われたが、その後に犯人が捕まったという話を聞くことはなかった。

だが、女はやはり誰かに殺されたのだろうと三橋さんは思っている。

殺された本人が証言していたのだから、間違いないはずだと思わざるを得なかった。

暗い地べたの紫おばさん

「今でも記憶ははっきりしているんですけど、なんだかわけの分からない体験でした」

斯様な所感を述べつつ専業主婦の清子《せいこ》さんが、自身の体験談を聞かせてくれた。

今から四十年ほど前、彼女が小学三年生の時だという。

学校から少し離れた雑木林の中に、一軒の空き家があった。

いつから人が住んでいないのかは定かでなかったが、見た目は木造平屋の日本家屋で、外装に殊更傷んだ様子は見られない。庭木は手入れがされずに荒れ気味になっていたが、玄関や窓には、きちんと鍵が掛けられている。

こうした様子なので、地元の子供たちの間では「廃屋」や「お化け屋敷」などという不穏な印象は持たれず、家はただの「空き家」という認識で通っていた。

ある日の放課後、清子さんと友人たちが、学校の校庭で暇を持て余していた時である。

「なああ、これから空き家に探検しに行かねえ？」

孝紀《たかのり》君という男子の友人が、突然そんな遊びを持ち掛けてきた。

「だって鍵が掛かっているんでしょ？」

他の子が指摘しても、彼は「外から見るだけでもいいじゃん」と言って譲らない。折しもテレビでは秘境探検物のバラエティ番組が流行っていた頃で、彼はその番組の熱心なファンだった。おそらく手軽な探検気分が味わいたいのだろうと察する。

清子さんも実は、まんざら嫌いな番組ではなかったので、誘いに応じることにした。清子さんを含む女の子二名と、男の子三名の合計五名のメンバーで空き家へと向かう。

「もしかしたら」と少し期待していたのだけれど、やはり中へ入ることはできなかった。玄関戸を始め、家じゅうの出入口は窓を含めて、全て厳重に施錠されている。

静まり返った家の周りを壁伝いに練り歩き、草木の荒れた庭の様子を眺めるだけでも、それなりの探検気分を味わうことはできた。しかし、なんだか味気ないとも思う。

他に何か面白いことはできないものか。考えながら歩いていると、家の裏手に面した基礎の部分に目が止まった。人が潜れるくらいの四角い穴が空いている。

人通口と呼ばれる穴だった。床下の点検や補修をする際などに使う出入口である。

「ねえねえ、洞窟ごっこみたいじゃない？」

清子さんがはしゃいでみせると、他の子たちも「いいね！」と声を弾ませた。

けれどもみんな、自分が先頭になって潜っていくのは嫌だという。探検へ誘いだした孝紀君でさえ、あれこれ理屈をこねては一番手になるのを渋っている。

やきもきしてきたので、ならばと意を決して清子さんが先陣を切ってやることにした。

「ついてきてね」と身を屈め、穴の中へと入りこむ。

中は暗かったが、思っていたほどのものではなかった。基礎の周囲に等間隔に開いた通気口から射しこむ弱光が、内部を薄く照らしだしている。光の筋が当たった場所では、無数の埃粒が音もなく静かに舞っていた。

頭上は低く、膝立ちになることもできない。床下はくすんだ灰色に染まる基礎の壁と、根太《ねだ》を支える床束《ゆかづか》が至るところに張り巡らされ、迷路じみた様相になっていた。

少し怖いと思ったけれど、探検ごっこにはうってつけのロケーションである。

這いながら進んでほどなく振り返ると、孝紀君たちもちゃんとあとをついてきていた。

安堵を覚え、湿った土の臭いが漂う薄闇の中を進んでいく。

おそらくは家の中心部に近い場所、基礎の壁に阻まれた角を曲がった時だった。

角の向こうの地べたに知らないおばさんが這いつくばって、こちらを見ていた。

ポップコーンのようにふわふわ膨らんだ髪をしていて、紫色の着物を着ている。

頬筋と首回りが膨らんだ丸い顔には、白粉ともファンデーションともつかないものが厚ぼったく塗られ、感情のうかがい知れない人形じみた面貌になっている。

おばさんは清子さんと視線が絡み合うなり、目玉をピンポン玉のように丸く剥きだし、「ざざ!」と鋭い衣擦れを立てながら、こちらへ向かって迫ってくる。

異様な動きだった。両肘を地べたに「ずかずか」と交互に突き立てながら這ってくる。そのたびに身体が斜めに大きく揺れ動くのだが、顔だけはまっすぐこちらを向いていた。まるで首の骨と身体の骨がくっついていないかのような印象を受ける。

悲鳴をあげると同時にくるりと身を翻し、出口へ向かって逃げようとした。

だが、うしろには孝紀君たちがずらりと並んで這いつくばっている。

「逃げて!」と数度叫んで、みんなはようやく出口へ向かって戻り始めた。清子さんもすかさずあとに続いて這い始める。

そのさなか、背後の様子をうかがうと、やはりおばさんの姿があった。

「ざざ!」と鋭い音を響かせながら、少し離れた闇の中を這ってくる。

そこでさらに異様な点に気がついた。着物の色がやたらと目に沁みて痛いのである。

周囲の通気口から射しこんでくる光があるとはいえ、床下は粉炭を塗りつけたような暗さに包まれている。それなのに紫色をしたおばさんの着物は、薄闇の中でくっきりと、あたかも発光しているかのように眩く仔細を際立たせている。

怪訝に思いはしたのだが、そんなことに気を取られている余裕もなかった。

おばさんは目玉をぎょろりと剥きだし、凄まじい勢いで追ってくる。

まさしく這う這うの体で人通口から抜けだすや否や、すぐさま家屋のそばから離れた。庭木の陰に身を隠し、黒々と開いた人通口をじっと見つめる。

おばさんが出てくる気配はなかった。床下からは物音ひとつ聞こえてこない。

孝紀君たちに「見た?」と訊くと、誰もそんなおばさんは見ていないとのことだった。清子さんが突然叫びだしたので、怖くて逃げてきただけだという。

誰かが「お化けかな?」と声を震わせ、他の子たちも「そうかもね」とうなずき合う。

しかし、清子さん自身はどうにも確信が持てなかった。

確かにおばさんは、この世の物とは思えない異様な雰囲気を醸しだしてはいたものの、見た目はすごく生々しくて、テレビで目にするお化けのように身体が透けていなかった。

だから「違うかも」と答えたのだけれど、「だったらなんなの?」と尋ね返されても、はっきり答えが定まらない。当のおばさんも床下から這い出てくることはなかったので、怖気の余韻と疑問を抱えながら空き家をあとにした。


それから二週間近く経った、やはり放課後のことである。

今度は清子さんが「空き家に行こうよ」と孝紀君たちに切りだした。

どうしてもおばさんの正体が気になっていたのである。危険は承知だったのだけれど、もう一度床下に潜って姿を見たいと思った。

折しもその場にいたのは、前回とまったく同じ顔ぶれだった。彼らは怖いというより、面倒くさいという理由で渋ったのだが、強引に説き伏せ、みんなで再び空き家へ向かう。

今度は孝紀君が先頭になってもらった。清子さんは二番手である。

友人たちの中には清子さんの話を訝しく思っている子もいたので、嘘ではないという裏付けとして、孝紀君を証人にしようという算段だった。

渋る孝紀君をうしろから焚きつけ、薄暗い床下を進んでいく。清子さんの背後からは他の子たちもついてくる。

やがて家の中心部に近い場所、基礎の壁に阻まれた角まで至った時だった。

角を曲がった孝紀君が突然金切り声をあげ、こちらへ素早く身を翻した。

その肩越しには紫色の着物を着た、あのおばさんの姿がある。

「逃げろ！」と孝紀君が叫び、清子さんたちも急いで身体の向きを変える。

みんなで悲鳴をあげながら人通口まで戻るさなか、恐る恐る背後を振り返ってみると、
おばさんは孝紀君のすぐ近くに貼りついていた。相変わらず薄く湿った地面に向かって
両肘をジグザグに突きながら、昆虫じみたおぞましい動きでわしゃわしゃと追ってくる。

着物の色みも目に沁みるほど鮮やかで眩しかったが、よく見ると今度は前回と違って、
生地が仄かに透けていた。

否、厳密には着物ではなく、おばさんの身体全体が透けている。

おばさんの身体を通して、背後に並ぶ床束や根太の様子が薄っすらと見えた。

やっぱりお化けだ！

思った瞬間、一気に恐怖が倍加した。矢のような勢いで人通口から這い出る。

庭木の陰に隠れて様子をうかがうも、おばさんが外に出てくることはなかった。

だが、今度はみんな見たという。おばさんはお化けということで、話は結論を迎えた。

以後はさすがに床下へ入りこむことはなくなったのだが、二度目の侵入から半年近く経った頃、今度は孝紀君とふたりで空き家を尋ねてみたことはある。

てっきり誰もいないと思って向かったのだけれど、家の門口に至ると人影が見えた。縁側に面した庭先で、白髪頭の老女が鶏を捌《さば》いている。

老女は庭の地面に設えた作業台の上で四角い包丁を振りかざし、羽毛の毟り取られた鶏をバラバラにしているところだった。その顔つきは鬼のように険しい。

軒には荒縄が張られ、そこにも逆さになった裸の鶏がずらりとぶらさがっていた。

さすがにお化けでないことはすぐに理解できたのだが、凄惨な光景と鼻腔に舞いこむ腥《なまぐさ》い臭いに嘔吐《えづ》いて、思わず「うっ」と声が漏れる。

とたんに老女がこちらを振り向き、鬼のような形相のまま、こちらへ駆け寄ってきた。片手に持った包丁を大きく頭上に振りあげながら。

老女は怒声も発しつつ駆け寄ってきたが、日本語ではなかった。

清子さんと孝紀君は「わっ！」と悲鳴をあげて逃げだすと、あとはもう二度と家には無闇に近づかなくなってしまった。

噂で聞こえてきた話によれば、都会からアジア系の外国人一家が引越して来たらしい。老女の姿を見た限り、とてもそんなふうには思えなかったが、噂のほうではそうだった。

一家はその後、清子さんが中学校に進学するぐらいまでは暮らしていたようだったが、ふと気がつく頃、家は再び無人となっていた。以後は住みつく者もいなくなってしまう。

当時から四十年ほど経った今でも、家はそのまま残っているそうである。

清子さんたちが見たというおばさんが、今でも床下にいるのかどうかは分からない。仮に居座り続けているのだとすれば、やはり正体はお化けということになると思うし、身体が少し透けているのも見ているため、お化けと解釈したほうが妥当である。

しかし、その姿をあまりにもはっきりと、それも二度にもわたって目にしてしまった清子さんとしては、未だにその正体が釈然としないままであるという。

それに加えて、おばさんが床下にいた理由も分からない。

長い年月を重ねても当時の記憶は少しも霞むことはないのだが、未だに答えの出ない疑問にもやもやしつつ、思いだすたび背筋を震わせているそうである。

蓋なし

都心のアパートで独り暮らしをしている長藤《ながふじ》さんは、自宅の風呂に蓋をしない。

原因は五年ほど前、引越してきたばかりの頃に遡る。

ある晩、入浴するため浴槽の蓋を捲ったところ、湯船の中に見知らぬ女が沈んでいて、こちらをじろりと見あげていた。蝋燭か牛脂を思わせる、異様に白い肌をした裸の女で、顔には人を嘲《あざけ》るような薄い笑みが浮かんでいた。

こんなことがあって以来、蓋を捲ると湯船にまた女が沈んでいるのではないかと恐れ、蓋をするのをやめてしまった。

今のところ、風呂場で新たな怪異に見舞われることはないという。

部屋が事故物件だったかどうかについては定かでない。

ケチャップ

高校教師の羽純《はずみ》さんが唯一体験したという、怖くはないけど少し奇妙な話である。

ある晩、独り暮らしのマンションで期末テストの問題を作っていた時のこと。

リビングのテーブルに開いたノートＰＣに向かって作業をしていると、いきなり頭のてっぺんに「ぼん！」と鈍い衝撃が走った。

悲鳴をあげて身を捩ったのだが、まもなく視界に入ったものを見るなり、今度は一転、「うん？」と唸って首を捻ることになる。

羽純さんが座る傍らに、ケチャップの瓶が転がっていた。

冷蔵庫に常備しているチューブ式のケチャップだったが、しばらく使った覚えがない。

冷蔵庫からだした記憶もなかった。

状況から察するに、ケチャップは頭の真上から落ちてきたように思える。

それも頭頂部に受けた衝撃から考えて、それなりの高さから落ちてきたように思う。天井から落ちてきたのかと思ったが、ありえないことだった。

だが、現にケチャップは真上から降ってきて、自分の頭に当たっている。

作業を中断して、あらゆる可能性を考えてみたのだけれど、いくら思案を巡らせても合理的な答えが導きだされるには至らなかった。

仕方なく、それまでまともに信じることのなかった「超常現象」という解釈を宛がい、無理やり納得することにしたのだという。

写真の女

古田さんという若い男性の話。こちらも自宅マンションで起こった怪異になる。

そろそろ年の暮れも押し迫る、寒い時季のことだった。

自室の大掃除を終えた週末の夜更け過ぎ、せっかくなのでノートＰＣに溜まっているデータも整理しようと思い、リビングのテーブルで作業を始めた。デスクトップ画面に並んでいるフォルダを順番に開き、不用になったファイルや画像データを消していく。

黙々と作業を続けていくうちに、自室の写真を収めたフォルダが見つかる。

写真は何十枚も保存されていた。写っているのは全て、リビングの風景である。

いずれの構図も同じ。テーブルの向こうに並べているテレビやスチールラックなどが、真正面から写っている。ノートＰＣに付いているカメラで撮ったものだろうと思ったが、身に覚えがなかった。ただ、撮影日は先々月の夜となっている。

リビングでPCを使っている間に、カメラが勝手に起動してしまった。

大方そんなところだろうと思いつつ、マウスで画面をスクロールしながらフォルダの中にびっしり並ぶ、同じ絵面の写真を目で追っていく。

ところがその中に一枚だけ、明らかに異質なものが写る写真があった。

テーブルの向こうにあるテレビの前に見知らぬ女が座って、薄笑いを浮かべている。

歳は三十代の中頃だろうか。目が細く、顔色の浅黒い女である。

髪は漆黒のセミロング。クリーム色に染まったトレーナーのようなものを着ている。

目玉は一応、こちら側を向いていたが、微妙に焦点が定まっていないようにも見える。

浅黒い面に浮かんでいるのは、半ば呆けたような笑みである。

その顔つきも気持ち悪ければ、写真の存在自体も気味が悪くて背筋が震えた。

写真はフォルダの中に五十枚以上もあったが、女が写っているのは一枚だけだった。

全ての撮影時刻を確認してみたところ、ほとんど一秒おきに撮られたものだと分かる。

間断なく撮影されたその一瞬の中に、女は紛れこんで写真に収まったということになる。

現実的に考えて有り得ないことだった。

女が写っている写真はフォルダごと、すぐに消去したそうである。

巻き取り

やはり独り住まいの部屋にて、若い男性が体験した怪異である。

ある日の夜更け近くのこと、会社員の峰《みね》さんは、掃除を怠けて久しいリビングの床に粘着カーペットクリーナー（通称コロコロ）を掛け始めた。

ローラーを転がすと、白い粘着テープの表面に細かなゴミ粒や髪の毛などがたちまちびっしりとくっついた。汚れたテープを剥がしては、ごろごろと転がすを繰り返す。

長らくさぼっていただけあって、何度転がしてもテープはゴミだらけになってしまう。掃除機も使ったほうが効率はいいのだろうが、時間が時間である。控えることにした。

四つん這いの姿勢でリビングを動き回り、床の隅々にわたって念入りにクリーナーを転がし続ける。キリのいいところでやめる気だったが、なかなか終わりが見えてこない。

それでもしばらくすると、テープに貼りつくゴミはまずまず減り始めてきた。

最後の仕上げと思い、まっさらなテープでカーペットの上をごろりと一直線に転がす。

とたんに「じょじょり」と鈍い音がして、テープが一瞬で真っ黒になった。

何事かと思い見てみると、テープにびっしりと黒い髪の毛が貼りついていた。

いずれも数十センチに達する、長い髪の毛である。

自分の髪ではない。けれども誰の髪かも分からない。

髪は一瞬にして、テープを真っ黒に染めあげた。

クリーナーを転がすまで、カーペットにこんな長い髪など、一本も見当たらなかった。

どこから湧いて出てきたかも分からなかった。

以後もクリーナーは転がしているのだが、こんなことがあったのは一度きりだという。

だが、同じことが二度と起こらないという保証もない。

不穏な予感を抱いてしまう時もあり、クリーナーを転がす頻度は、以前に輪を掛けてだいぶ減ってしまったそうである。

入ってた

　今から三十年近く前の夏場。

　木地山《きぢやま》さんが彼女とふたりで山間の温泉旅館へ泊まりに出掛けた時のこと。

　鄙びた風情の宿で、目当ての温泉もたっぷり堪能できたのだけれど、田舎の立地ゆえ、温泉以外の娯楽には乏しかった。近所には土産物屋が数軒と、郷土料理を供する食堂がまばらに営業しているくらいで、それらも一度覗けば十分だった。

　宿に入った二日目の晩、夕飯を食べ終えると就寝までの時間が異様に長く感じられた。温泉だって何度も入れるものではないし、湯に浸かること自体にも飽き始めている。

「何をしようか?」と彼女と話し合った末、結局外へ繰りだすことになる。

　土産物が並ぶ通りをぶらつきながら周囲に視線を巡らせていると、通りを一本隔てた向こうに聳《そび》える小高い丘が目に留まった。

丘の上に生える樹々の間から、無数の薄明かりがちらついて見える。

「なんだろう?」と彼女に尋ねると、「提灯《ちょうちん》とかじゃない?」と彼女が答えた。

確かにそんな感じの明かりに見える。祭でもやっているのかと思った。

そうならうってつけだと思い、彼女と示し合わせて丘へと延びる小道を進んでいく。

そのまま道なりに続く細い坂を上っていくと、丘の上に広がる墓地へとたどり着いた。

周囲に樹々が浅く茂る、こぢんまりとした造りの墓地である。

見れば敷地の至るところに、火のついた蝋燭が立てられていた。

古びて色褪せた墓石の前や灯篭の中、土肌が剥きだしになった地面や樹々の根本など、見渡す視界の隅々まで、橙《だいだい》色の薄明かりが揺らめいている。

人影もあった。色とりどりの浴衣を召した人々が十人ほど、明るい声を弾ませながら墓地の至るところに佇んでいる。

折しも月遅れ盆の時季だった。土地に伝わる奇祭のようなものかと思う。

幻想的な雰囲気に魅かれ、木地山さんたちも声を弾ませながら墓地の中へと入った。

とたんに目の前が真っ暗闇に包まれる。

人の声も一斉に消えた。

慌てて様子をうかがってみたのだけれど、墓地の中には人っこひとりいる気配がない。数えきれないほどあったはずの蝋燭も、一本たりとも見当たらなかった。

たちまち背筋がぞっとなり、彼女と一緒に蒼ざめながら坂道を駆け戻る。

宿まで急ぎ足で帰るさなか、自分たちが今見たものについて慄きながら話していると、ふいに彼女が「ん？」と呻いて、スカートのポケットをまさぐり始めた。

まもなくポケットから出てきた彼女の手には、泥土で汚れた団子が一個のっていた。

「いつのまにか入ってた……」と彼女が言う。

そんなはずはないだろうと思いながら団子を見ているうちに、木地山さんもズボンのポケットに違和感を覚えた。

恐る恐る手を入れてみたところ、こちらからは落雁の欠片《かけら》とおぼしき物が出てきた。

急ぎ足で宿に帰還したのち、仲居にそれとなく墓地の謂れ《いわ》についてて尋ねてみたのだが、地元民の先祖が眠る、なんの変哲もない墓地とのことだった。

それは不可能

今年で五十代になる戸沢《とざわ》さんが、若かりし頃の話である。
真夏の余興に深夜、友人たちと地元の林中にある古びた墓地へ肝試しに出掛けた。
墓地の中を歩きだしてまもなくすると、奥のほうから「おーい」と男の声がする。
懐中電灯を向けると暗闇の向こうに男が立って、頻《しき》りに手を振っているのが見えた。
一瞬ぎょっとなった次の瞬間、さらに驚き、悲鳴があがる。
男が立っている位置が、自分たちの目線よりはるかに高かったからである。
宙に浮かんでいると思ったが、よく見たら違った。男の首には太い縄が掛かっている。
恐る恐る近づいていくと、彼は木の枝に結わえた縄に首を括ってぶらさがっていた。
鬱血して赤黒く変色した顔には深々と死相が刻まれ、身体はぴくりとも動かない。
こちらに手を振りながら声を発することなど、とてもできる状態ではなかったという。

会いたい

今から十年近く前の話になるという。

ある時、綾乃《あやの》さんは学生時代の友人とふたりで、郊外の墓地へ墓参りに出掛けた。

訪ねたのも学生時代に亡くなった友人の墓である。彼女は病気でこの世を去っていた。

墓前に手を合わせ、元来た墓地の中を引き返していると、隣を歩く友人が「あっ」と小さく声を漏らした。

「何?」と声をかけたが、彼女は問いに答えず、墓地の遠くを見つめている。

そうしてつかのまの沈黙があったのち、彼女がこちらを向いておもむろに口を開いた。

「会いたいって言われた」

「誰に?」と訊くと多分、亡くなった友人だろうと答える。声がよく似ていたと言う。

「会いたいって言われたって、今会いに来たばっかりじゃんね」

亡き友人の墓を振り返りながら苦笑するも、声を聞いた友人の顔は浮かばない。

「なんだかちょっと怖かった」

そんなことをつぶやきながら、綾乃さんと墓地をあとにした。


彼女の訃報が届いたのは、それから一週間後のことである。

会社帰りに街中を歩いているさなか、いきなり近づいてきた中年女に突き飛ばされて、路面に頭を強く打ちつけた。昏睡状態のまま病院に搬送されたが、意識が戻ることなく帰らぬ人となってしまう。

彼女の実家の墓も、学生時代に亡くなった友人の墓と同じ、郊外の墓地の中にあった。遺骨はその墓に納められたので、ふたりは同じ墓地の中に眠ることになった。

悪い偶然だったと考えたかった半面、墓参りで起きた声の件から顛末までを鑑みると、「呼ばれてしまった」のではないかという思いが生々しく感じられて、怖かった。

学生時代に亡くなった友人は寂しがり屋で、日頃から独りでいられない性分だった。

以来、自分もいつか呼ばれてしまいそうな気がして、友人たちの墓参りに行くことはまったくないという話である。

望みなき志願者

私自身の話である。

どれほど意義のあることかはさておき、月に一度の割合で都内へ出張相談に出掛ける。主には新宿界隈の喫茶店で依頼主と対面し、話を聞いてできうる限りの対応をする。

都内や遠方の他県から、わざわざ私の仕事場まで相談に来られる人もいるのだけれど、こちらの所在地は交通の便が甚だ乏しい、寂れた田舎町の山麓地帯である。

たどり着くだけでも苦行の部類に当たるだろうし、ひとりで来られる分にはまだしも、夫婦や家族連れで訪ねてくるとなると、往復の交通費も馬鹿にならない。

これだけで相談料金の軽く数倍はかかってしまうし、日帰りが困難なところから来た人の場合は、仙台や松島辺りに一泊宿を取ることもあった。

費用対効果で考えると不経済の極みであり、大層申しわけない気持ちになってしまう。

ならばスケジュールは固定となるが、こちらが出向けばよかろうと思って始めたのが、都内への定期的な出張相談だった。

喫茶店でのやりとりで話が収まらない場合や、本格的な対処が必要と判じた場合には、依頼主の自宅や職場を訪ねることもある。時々休んだこともあるにせよ、数えてみると、もうかれこれ十年以上続けている。

そんな東京出張相談のさなかにあった話である。二〇一六年のことだった。

関東地方の桜が蕾を開き始めた時節、いつものごとく二泊三日の日程で都内へ赴いた。

二日目の午後遅く、いつも利用している新宿の喫茶店に現れたのは、織野《おりの》さんという三十代の女性である。メールでの予約時には、対人関係の相談を希望していた。

「気になる点がありましたらお尋ねしますので、まずはお話をお聞かせください」

挨拶を済ませ、オーダーしたドリンクが届くのを見計らって水を向ける。

「実はわたし、昔からすごく霊感が強いんです」

それまで伏し目がちだった視線をゆっくりあげると、彼女は淀みのない口調で言った。

仕事柄、特異な感覚や体質を有する人と出会うのは、取り立てて珍しいことではない。そうしたものが原因となって、対人関係に問題が生じているのかと思う。

語るがままに任せていると、彼女はこれまで自分自身が視てきたものや感じ得たこと、体験してきたことをのべつ幕なしに並べ立てた。

寝ている最中に金縛りに遭ったとか、街中で幽霊と視線が合って追いかけられたとか、日頃の仕事でよく聞く話もあったが、ところどころに気になるトピックも交じっていた。怪異を体験するために心霊スポットへ行ったとか、交通死亡事故現場に長時間居座り、どんな霊が出てくるのかを確かめたりとか、そういった愚行と等しき話題である。

なんだこの人。

訝みながら話を聞いていると、話題はさらに思わぬほうへと捩じれていった。

「こういうのって、鍛えれば鍛えた分だけ研ぎ澄まされて、強くなっていきますよね」

嬉々としながら彼女が語るには、定期的に我流の瞑想をおこなったり、実践を兼ねて呪術や交霊術の勉強をしているのだという。

怪しげな霊能関係者が主催している、霊感修行と称した合宿に参加することもあるし、時には独りで山へ滝に打たれに行くこともあるそうである。

「自分なりにがんばってきた甲斐があって、実力はもうそこそこあると思うんですよ」

淀みのない朗らかな声風《こわぶり》で述べ、そのうえで織野さんは言った。

「先生はお弟子さんとか、お付きの人は募集していないんですか？」

私と仕事がしたいのだと言う。私の教えを受けながら本格的な経験と研鑽を積み重ね、将来的には自分も独自に看板を掲げて霊能関係の仕事がしたいとのことだった。

希望に添えず申しわけないのだが、こちらの答えはＮＯである。

過去にも何度か、こうした申し出を受けたことはある。それらも例外なく断ってきた。理由はいろいろとあるのだが、ひとつには私に他人の面倒を見るだけの監督力はないし、他人を育てること自体にも興味がないということ。

ふたつには霊能関係の仕事など、やらずに済むならやらないほうが賢明だからである。そもそも割に合わない仕事なのだ。まともにやろうとすれば稼ぎは安く、常に暮らしの不安と苦悶が宿命のように付き纏う。そのうえ、心身ともに掛かる負担も大きい。

挙げ句、世間からはペテンやカルトと見なされ、白い目で見られることも少なくない。こういう仕事はやむにやまれぬ事情があって始める者か、さもなくば霊感云々ではなく、心の形質や人生目標といったものが、常人とは異なる者が携わるべき仕事と私は思う。

彼女の心も普通ではなかろうと感じはした。けれども残念ながら適正もないと判じる。この世界に踏みこむうえでの覚悟や不安のようなものが見えないのである。

とはいえ余計なことは語らず、私は簡素に「募集はしておりません」とだけ答えた。

案の定、織野さんはこちらの答えを右から左へ受け流し、今度は率直に願い出る。

「そこをなんとか。一緒に仕事ができませんか？」

「できません」

そうした問答を何度か繰り返していると彼女はついに諦め、そして口が悪くなった。

「あっそう。へえ。わたしは真剣なのに駄目なんですね。だったら、もういいです」

顔つきもふてぶてしくなり、口角の一方が鉤針《かぎばり》で引っ張られたように吊りあがる。

「じゃあ、代わりに受け取ってもらえます？」

言いながら織野さんは、持参したバッグから白い封筒を取りだした。

「なんですか、それ？」

「ファンレターみたいなものです。ぜひどうぞ」

糸のように目を細めて微笑むと、彼女は封筒の表に軽くキスして私に差しだした。

拒否して事を荒立てるのも厄介と思い、素直に礼を述べて受け取る。

「これからもお仕事、がんばってくださいね」

にやつき顔で応援の言葉をもらい、織野さんとの相談時間は終わる。

その後、夜になって定宿にしているカプセルホテルへ戻った。

宿泊客で賑わうロビーのテーブルにつき、コンビニで買ってきた弁当を食べていた時、織野さんにもらった封筒のことを思いだす。

さして興味もなかったのだが、見るなら早いほうが良かろうと思って口を開ける。

とたんに「ばらばらばらばら!」と雨粒が弾けるような音が聞こえ、手にした封筒が激しく震えた。思わず「うおっ!」と声があがる。

中には五円玉と輪ゴム、針金で拵えた仕掛けが入っていた。弓のような形をしている。アーチ状に湾曲させた針金の両脇に、ぐるぐると捩じらせた輪ゴムが二本結わえられ、縄状に伸びた輪ゴムのもう一方の端は、五円玉の穴へと巻きつけられている。

「ツチノコの卵」や「河童の手のミイラ」などといった名称で、主には駄菓子屋などで売られているジョーク系玩具と同じ原理のものだった。おどろおどろしい絵が描かれた封筒の口を開けると、捻じれていたゴムがほどけて大きな音をだすのである。

「ふざけたことを……」

質の悪い報復である。だが本当に悪質なのは、こんな虚仮威《こけおど》しのほうではなかった。

封筒の中には仕掛けの他にもうひとつ、人型に切った白い紙も入っていた。

胴の部分には「郷内心瞳」と、私の名前が黒いペンで書かれている。名前の両隣には赤いペンで「呪」「病」「弱」といった漢字が含まれる、呪文の文句が添えられていた。

厭魅《えんみ》と呼ばれるたぐいの呪いである。

おそらくは封筒を渡す際にほどこした口づけでスイッチオン、そしてこちらが封筒を開けるのがトリガーという、二段式の構えだろう。呪いはすでに発動したことになる。

不用意に開けたことは迂闊だったが、やはり私の見立てに狂いはなかった。

こんなことを思いついて、なおかつ実行できる人間に本職を務める資格はない。

呪い返しをおこなえば事無きを得られるのだが、そうすると、私が受けるべき災いが全て織野さんに行ってしまう。呪い返しの性質上、少なくとも威力が倍になった状態で。

「一応、相談料金はいただいておりますからね」

素人相手に酷な措置を取るのもどうかと思い、呪い返しをするのはよした。

次善策としては呪いを相手に返さず、単なる解呪で済ませる方法もあったのだけれど、これもしばらく考えたのちに却下した。

せっかくなので、お手並みを拝見してみたくなったのである。

結果として、翌日から三十七度台の熱が出た。右の肺辺りにじわじわした痛みも感じ、頭の芯が時々朦朧《もうろう》となることもあった。

おかげで残りの出張相談では少々難儀させられる場面もあったが、宮城の家に帰って数日した頃には、すっかり症状は治まってしまう。

その後は特に異常は起きず、織野さんからも一切連絡がないまま現在に至る。

当時からずいぶん月日が経つので、今ではめでたくどこぞの霊能関係者に弟子入りを果たしているものか、あるいはひとりで看板を掲げて仕事をしているものか。

どちらであってもこちらに咎める権限はないのだが、願わくば、すぐにカッとなって人様を呪うような真似をしていなければと思う次第である。

仮に呪いを専門に仕事をしているのであれば、話は別だが。

残留

会社員の八木《やぎ》さんは一時期、子供の養育費を捻出するため、週に二日ほどのペースで深夜のコンビニバイトをしていたことがある。

コンビニは学生時代にもバイト経験があったので、すぐに勘を取り戻すことができた。採用された初めの頃は、先輩店員やオーナーとふたり体制でシフトに入っていたのだが、ひと月もするとひとりで深夜勤務を任されるようになった。

勤め始めて、そろそろ四ヶ月を迎える頃だったという。

深夜一時過ぎ、店内の米飯コーナーで廃棄作業をしていると、出し抜けにうしろ側でダイナマイトが爆発するような凄まじい轟音が響いた。同時に底からずんとくる衝撃が身体を突き抜け、全身がびりびりと震える。

はっとなって振り返ると、店内の表側に面した窓ガラスを破って、茶色いワゴン車が突っこんでいた。

車は雑誌の什器と衣料品が並ぶ商品棚を押しのけ、車体の半分以上が入店状態である。幸いにも店内に客の姿はなかった。状況を把握するなり、車に向かって駆け寄っていく。

運転席には、ハンドルに顔をうずめた男の姿があった。声をかけたが返事はない。

他に同乗者はいないのか。焦りながら後部座席のほうへ視線を移す。

運転席の真後ろには、青いドレスを着た女がふたり座っていた。

肌の色は熔けた蝋のように白みがかって、肉がじんわりと透き通っている。対して長い髪の毛は、墨の滝を思わせるほどにどす黒い。

ふたりとも寸分違わず同じ顔をしていて、この場にそぐわない笑みを浮かべていた。

背筋にぞくりと悪寒が走った瞬間、女たちは目の前から消えてしまう。ティッシュを丸めて潰すような消え方だった。

その後、警察と消防に連絡を取り、運転手の男は意識のないまま病院に搬送された。

それから数日経ったあと、男の命に別状はないことを知ったのだが、事故を起こした原因については不明とのことだった。おそらく居眠り運転だったのではないかという。

車の中にいた女たちについては、妻に話しただけで、他には誰にも打ち明けていない。思いだすのも恐ろしく、できれば一刻も早く忘れてしまいたかった。

ところが事故から二週間ほどした頃から、店の従業員たちの間でしばしば奇怪な話が飛び交うようになった。

勤務中に背後で気持ちの悪い気配を感じたり、首筋に冷たい吐息を吹きつけられたり、その場にいるはずのない女の声が聞こえたり、という話である。

原因については、誰も思い当たる節はないと口を揃えた。

努めて意識すまいと自分に言い聞かせ、黙々と独りの深夜勤務をこなしていたのだが、結果的には〝向こう〟が放っておいてくれなかった。

店内で怪異じみた話が聞かれるようになって、さらにひと月近く経った頃である。

深夜一時過ぎ、店内の米飯コーナーで廃棄作業をしていると、出し抜けに耳の両側で「うすす」と湿った笑い声が聞こえた。

振り向くと、ワゴン車で見かけた青いドレスの女たちが八木さんの両隣に屈みこんで、寒気のするような薄笑いを浮かべていた。

くわしい事情は一切告げず、八木さんはその日をもって店を辞めてしまう。

その後は店へ買い物に行くことすらなくなったのだが、八木さんが仕事を辞めてから一年近く経った頃に、店が強盗に襲われたという事件をニュースで知った。

さらにそれからおよそ半年後には、再び店内に車が突っこむ事故が起きている。

時々店の前を通りかかると、玄関ドアに深夜勤務限定で従業員の募集を知らせる紙が、いつも貼りつけられているのが目に入った。待遇は見かけるたびに良くなっていく。

漠然と事情を察し、今でも出るのだろうかと思っているうちに店は急に閉業となった。

そこから先は、コンビニの建物をそのまま利用する形でラーメン店とクリーニング店がオープンしたのだが、どちらも一年足らずで撤退している。

建物自体は今現在も残っているのだけれど、長らく「貸し物件」の状態が続いている。

ひょっとして、今でもあの青いドレスの女たちが居座っているのではないだろうか？

かつてコンビニだった建物の前を通るたび、八木さんは不穏な想像に駆られてしまい、なるべく視線を向けないようにしてやり過ごすのだという。

透過

保育士の早知《さち》さんが、中学時代に一度だけ体験したという不可解な出来事。

ある日、彼女は自室で袋入りのかりんとうを食べながら、怖い話の本を読んでいた。

夢中になってページを捲り、袋から摘まんだかりんとうをぼりぼりと齧る。

やがて半分くらい食べ進んだ頃だった。

本を読みつつ、次のもう一本を掴むために伸ばした指が、袋の口に当たって止まった。

見ると袋は、ギザギザ状になった封の部分が閉じている。

先ほど確かに開けたはずだし、かりんとうも普通に食べていたはずなのに。

不審に思いながらも再び封を切って袋の中を確かめてみると、未開封にもかかわらず、かりんとうは半分近く減った状態だったという。

現身

宮森《みやもり》さんが旅行で地方のビジネスホテルに泊まった時のこと。

チェックインを済ませて部屋に入ると、入口右手の壁に大きな姿見が掛けられていた。

鏡面には、肩からバッグをさげた自分の姿が映っている。

鏡を一瞥し、そのまま部屋の奥へと進んで荷物の整理を始めた。

そのさなか、何気なく入口のほうを振り向くと、壁から姿見がなくなっていた。

戸惑いながら確かめてみたのだけれど、壁には鏡が掛かっていたような形跡すらない。

それでは今しがた、自分が見たのは一体、なんだったのか。

首を捻れど答えは得られず、代わりにだんだん怖くなってきてしまった。

事情を伏せてフロントに部屋を変えてもらえないかと打診したところ、何も訊かれず、すんなり応じてもらえたそうである。

超満員

長江《ながえ》さんが普通免許を取って、まだまもない頃の話だという。

真夏の盛り、当時付き合っていた彼女を誘ってドライブに出掛けた。

目的地は地元の山を越えた先にある、隣県の遊園地。まだまだ不慣れな運転ながらも予定していたコースを順調に進み、無事に遊園地へたどり着くことができた。

日暮れ近くまで遊園地で過ごし、やがて夜の帳《とばり》もすっかりおりた帰り道のことである。元来た山中を走行するさなか、長江さんは便意を催してしまった。

走行しながら用を足せる場所を探していると、折よく前方の道端に公衆トイレがある駐車場が見えてきた。「しめた」と喜び、車を滑りこませる。

敷地内には十台分ほどの駐車スペースがあったが、停まっている車は一台もなかった。トイレにいちばん近い場所に駐車して、慌ただしく個室の中へ駆けこむ。

便座に腰をおろしてまもなくすると、誰かがトイレの中へ入ってくる足音が聞こえた。長江さんはトイレの入口側から見て、等間隔に三つ並んだ、個室のいちばん奥にいる。足音は入口側から個室の前を突っ切り、長江さんが籠る個室の前辺りで止まった。

続いてびしゃびしゃと水音が聞こえてくる。小便器に尿が当たる音だろう。

なんとはなしに聞いているところへ、足音がもうひとり分やって来た。今度のそれは、隣の個室へ入った。静かにドアが閉まる音に続いて、便器の蓋が開く音が聞こえてくる。そっと耳を澄ますと、薄い壁越しに「すうすう……」と小さな息遣いも聞こえた。

一気に混んできたな。

思っていると、さらに足音がトイレの中へ入ってきた。それも今度は複数。数は三人。新たに小便器の前にふたり、入口側の個室の中にひとりが陣取ったようだった。

いずれもうんともすんとも言わない。小便器に注がれる水音と、静かな息遣いだけが聞こえてくる。

ほどなく妙なことに気がついた。初めに小便をしに来た人物が、まだ便器の前にいる。すでに五分近くが経っていた。小便など、一分も掛からずに終わるはずである。

事実、飛沫の音はもう聞こえてこない。他の小便器から聞こえる水音も止んでしまう。

代わりに「すうすう……」という呼吸音だけが聞こえてきた。音は個室のほうからも聞こえてくる。身体を微動だにする気配もなく、息遣いの音だけが静かに反復している。薄明るい蛍光灯の光に灯されたトイレの中、他に聞こえてくる物音は何もない。

俄かに気味が悪くなってきて、背筋がしんと冷たくなった。

トイレには今、自分以外におそらく五人の人物がいるのだと思う。

グループ連れなのか、赤の他人同士なのかは定かでないが、先ほどからトイレの外で聞こえてくるのは、入口近くに停めてある自分の車のエンジン音だけである。他の車やバイクがやって来た様子は感じられなかった。

登山や行楽で歩くような山ではなかったし、近くに人家やバス停なども見当たらない。彼らは果たしてどんな交通手段を用いて、ここまでやって来たというのだろう。

そんなことが脳裏をよぎると、わけも分からず二の腕にぶつぶつと粟が生じた。

一方、トイレの中に居座り続ける連中は、なおもしつこく息を潜めて動く気配がない。まともな人間の為せる所業とは到底思えない不穏さに、ますます背筋が凍りつく。

長居をすべきでないと意を決するや、流水レバーを引いて立ちあがり、個室のドアを勢い任せに開け放つ。

目の前に並ぶ小便器の前には、誰の姿もなかった。

個室のほうもドアが開き、中はもぬけの殻である。

悲鳴をあげつつトイレを飛びだし、車の中へ舞い戻ると、助手席に座っていた彼女も金切り声をあげて抱きついてきた。事情を聞くなり、長江さんは一層蒼ざめてしまう。

つい先ほど、長江さんがトイレに入ってまもなくのことだという。

トイレの中に人影がひとつ入っていった。

それは文字通りの「人影」で、周囲の闇より濃密な、人の形をしたどす黒い影だった。影はすぐに視界から消えてしまったので一瞬、見間違いではないかと思ったのだけれど、それからすぐに別の影がもうひとつ、トイレの中に入っていくのを見て考えを改めた。

慄きながらもさらに様子を見ていると、影はその後も三体、よろめくようなそぶりで身体を前後に揺らしながら、トイレの中に消えていった。

先に入った長江さんの身を案じ、携帯電話に連絡を入れてみたのだが、何度掛けても繋がらないため、車内で独り、震えながら途方に暮れていたのだという。

マナーモードにしていたのかと思い、ポケットから電話を引っ張りだしてみたところ、電話はなぜかずぶ濡れになり、使い物にならなくなっていた。

その後、件の公衆トイレについて調べてみると、過去の惨事が明らかになった。

トイレ自体に問題はなかったのだが、かれこれ三十年近く前、駐車場に停めた車中で若い男女が排ガス自殺をしていた。数は全部で五人だったそうである。

黙走の掟

会社員の梶《かじ》さんは独りで車を運転する時、決して独り言を口にしないようにしている。

きっかけは五年ほど前に遡る。

ある晩遅く、予定外の残業を終えて漆黒の田舎道を車で走るさなか、なんとはなしに仕事に関する愚痴をぼやいた。

「段取り悪過ぎんだよ、バカ上司。少しは頭使えっつうの」

「殺してしまいましょうか？」

運転席の真後ろから甲高い女の声が聞こえ、叫びながら急ブレーキを踏む羽目になる。

恐る恐る振り向いた後部座席には、誰の姿もなかった。

空耳と割り切りたかったのだが、後日、上司は不慮の事故で本当に死んでしまった。

以来、怖くて運転中の独り言は絶対しないようにしているのだという。

倒霊

徳永《とくなが》さんが深夜、寂れた県道を車で走っていた時のこと。

ヘッドライトが照らす路上の前方に、何かが横たわっているのが見えた。

近くまで進んで停車して見ると、髪の長い女性がうつ伏せになって倒れている。

クラクションを鳴らしたが、女性は微動だにしなかった。

こんな場所で酔い潰れて寝ているとは思えなかったし、車に撥ねられでもしたのだと考えるのが妥当である。救助をせねばと車を降りる。

「大丈夫ですか?」と声をかけ、女性の肩に手を伸ばした。

手は肩を貫通し、冷たい路面に手のひらがぺたりと貼りつく。

「え?」と思った瞬間、女性は目の前から音もなく消えてしまったそうである。

テレビ局にて

「触れる」にまつわる怪異をもう一話。

都内に暮らす落野《おちの》さんという男性から聞かせていただいた話である。

今から三十年近く前、彼が中学生の頃だという。

バラエティ番組の公開収録を観覧するため、友人たちと都内の某テレビ局へ出掛けた。

スタジオ内に設けられた客席に座り、憧れの芸能人たちを見るのは楽しかったのだが、途中で急激に催してきてしまった。「トイレに行こう」と友人たちを誘ってみたものの、みんな収録に夢中で応じる者はいない。仕方なく、ひとりで席を立つことになる。

トイレはスタジオを出た廊下のはるか先にあった。廊下は蛍光灯の数が少ないせいか、いやに薄暗く、歩いている人の姿も見当たらない。

緊張しながら歩を進め、トイレの中に入る。

廊下と同じく、こちらも妙な薄暗さがあったが、人の気配はあるようだった。

トイレ内のいちばん奥に面した個室のドアが閉まっている。

小便器の前に立って用を足し始めると、背後で個室のドアが開く音がした。

用を足し終え、振り返って見ると、個室の中で男が首を括ってぶらさがっている。

即座にぎょっとなって悲鳴をあげたが、よく見たところ、それは等身大の人形だった。

白いワイシャツに紺色のスラックスを穿いた、若い男のマネキンである。

テレビ局という場所柄だし、こうした物が存在するのは、別に不思議なことではない。

ドッキリの企画か何かで使う仕込みだろうか？

思いながら人形に近づいて胸に手のひらを当ててみると、手は人形の胸をすり抜けて、背中の向こうの空まで伸びた。

たとえば人形の材質がゼリーのような物でできていて、ぬるりと貫通したのではない。

手はなんの抵抗も感触すらもないまま、人形の胸をすり抜けてしまった。

俄かに信じることができず、もう一度、今度は顔に向かって人形に手を伸ばしてみる。

やはり貫通した。

手は人形の顔面をすり抜け、後頭部の向こうまですり抜けてしまう。

一体、どんな仕掛けになっているのか見当もつかず、その場で頭を捻っているうちにふと、新たな疑問が生じた。

人形の首には縄が掛けられているのだけれど、どこからぶらさげられているのだろう。

人形は個室のちょうどまんなか辺りにぶらさがっていた。

首の真後ろからぴんと伸びる縄を、上に向かって目で追っていく。

縄は天井近くの宙で先端が途切れ、どこにも引っ掛かってなどいなかった。

こんなことこそ、ありえるわけがないだろう!

思った瞬間、目の前から縄が消え失せ、目の前にぶらさがっていた人形も消えた。


番組収録後、友人たちを引き連れ、再びトイレに戻ってみたのだけれど、その時にも人形は見当たらず、トイレの中に不審な形跡も見られなかった。

遠い昔の出来事ながら、当時のことは今でも鮮明に覚えている。記憶の生々しさから幻覚だったとは思えないが、件の人形の正体については、今も分からないままであると、落野さんは語っている。

現れる

スマホの位置情報ゲームが趣味だという南江《なんえ》さんが、ひどい目に遭ったそうである。

数年前、モンスター狩りが醍醐味である、件のゲームを始めたばかりの頃だという。

彼は夜の九時頃になると、自宅の近所にある墓地へ足繁く通うようになった。

理由はその時間帯になると、墓地にゲーム内の特別なモンスターが現れるからである。

時間が近づくのを見計らっては墓地へと赴き、現地でモンスターを狩って帰ってくる。

こんな作業を三週間ほど繰り返し、あとは一切やめにした。

モンスターだけでなく、別のものも現れるのを見てしまったからである。

その日も夜の九時頃、スマホを片手にうきうきしながら墓地へ参じた。

暗く静まり帰った闇の中、いつも定位置にしている墓地の入口付近で待機していると、ほどなく画面に映る地図上にお目当てのモンスターが現れた。

「出たな」と意気込み、嬉々として戦い始める。

「死ねや」とつぶやきながら、手慣れた操作でモンスターにダメージを与えていく。

そうして、もうすぐモンスターを倒せるというタイミングにまで至った時である。

前方に広がる暗がりから、ふいに「げほっ」と咳を吐く音が聞こえてきた。

反射的に画面から顔をあげると、漆黒に染まる墓地の中に大勢の人がいた。

性別も年頃も服装も様々だったが、いずれもこちらへ冷たく湿った視線を向けている。

辺りは小さな明かりのひとつもない闇景色だというのに、彼らの姿ははっきり見えた。

悲鳴をあげて、すかさずその場を退散して以来、幻覚だったと割り切ることもできず、すっかり怖気づいてしまった。

おいしい狩場だったのだが、夜に墓地へ行くのはやめてしまったとのことである。

弔いキャット

専業主婦の久恵《ひさえ》さんからお伺いした話である。

数年前のある時、家で飼っていた愛猫が亡くなった。車に轢かれてしまったのである。

交通量の少ない田舎のことだからと、甘く考えていたのがいけなかった。

愛猫は自宅からそれなりに離れた県道で亡くなっていた。

家人たちが知らなかっただけで、行動範囲はかなり広かったらしい。

ムギという名のキジトラ猫だった。性別は雄。甘えん坊で初めて会う人にも懐っこく、物怖じしない性格の猫だった。ゆえに客人や近隣住民たちからも可愛がられていた。

戻ってきたムギの遺体は、自宅の裏庭に角材で作った墓標を立て、ねんごろに弔った。

予期せぬ突然の別れに久恵さんも家族らも、大きな悲しみに打ちひしがれた。

ムギの死から数日経った、夜の遅い時間のことである。

就寝中に目覚めた久恵さんは、トイレに向かった。

用を足し終え、寝室へ戻るさなか、裏庭に面した廊下を歩いていると、足が止まった。カーテンに閉ざされた窓の向こうから、妙な声が聞こえてきたからである。

「ううん……ううん……」と小さな声で呻いている。声の主は複数いるようだった。

泥棒にしてはおかしな様子だと思ったが、仮に泥棒でなくても不審者の可能性が高い。どぎまぎしつつもカーテンの端をそっと捲って、外の様子を覗き見る。

月明かりに照らされた裏庭では、ムギの墓の前にたくさんの猫が集まって座っていた。十匹近くいる。いずれも墓標に向かって深々と項垂《うなだ》れ、ひれ伏すような姿勢になって、小さく悲しげな唸り声をあげている。

その様子はまるで、亡きムギの死を悼んで、墓前に祈りを捧げているかのようだった。

事情を承知した久恵さんは心の中で「ありがとう」と礼を述べると、足音を忍ばせて寝室へ戻った。唸り声はその後もしばらくの間、続いた。

ムギはきっと生前、よその猫たちからもたくさん好かれていたのだろう。

そんなことを思いつつ、その夜は枕を濡らしながら寝たという。

死に巻き

都内で自営業を営む世木《よぎ》さんは、数年前にこんな体験をしたという。

ある晩、彼は奇妙な夢を見た。

舞台はどことも知れぬ花畑。見渡す限り、色鮮やかな菊の花がびっしりと咲いている。

その中に五年ほど前に亡くなった母親が立ち、顔色を真っ青にして、涙ながらに訴える。

「気持ち悪いから早く取って！　本当に気持ち悪いから早く来て！」

世木さんは困惑して「何を？」と尋ねるのだが、答えは返ってこなかった。

朝になって目覚めたのち、「変な夢だった」と首を捻るも、なんだか少し引っ掛かる。

朝食の席で妻に話すと彼女も昨晩、同じような夢を見たという。

偶然とは思えず、単なる「変な夢」では済ませられなくなった。

ふたりで話し合った結果、「お墓に行ってみよう」ということになる。

母の墓がある墓地は、自宅から車で少し走った距離にあった。

現地に着いて墓へと向かい、まもなく目にした光景に思わず悲鳴があがってしまう。

母が眠る墓石の上に、大きなアオダイショウがとぐろを巻いて死んでいた。

初めは鴉《からす》の仕業ではないかと思ったのだけれど、よく見ると蛇は頭が半分潰れていた。鈍器で殴られたような印象である。

考えたくはなかったものの、誰かが蛇を殺して故意に置いたと見なすのが妥当だった。

寺務所に行って事情を伝えると、従業員がすぐに動いて蛇の死骸を片付けてくれた。

予想していたよりも動じず、なんとなく手慣れた様子で作業をしていたのが気になり、「こういうことは初めてですか?」と尋ねたところ、答えは「いいえ」だった。

詳細は伝え兼ねるが、たまに同様の被害があるのだという。

ただ、これまでは寺の従業員が先に気づいて処分してきたのだけれど、墓の所有者が被害を訴えてきたのは、今回が初めてとのことだった。

夢の話をしてやろうと思ったのだが、妻に脇腹を小突かれたので口を噤むことにした。

以来、同じ被害に遭うことはなかったが、犯人が分かったという話も聞かないという。

人喰い墓場

南東北の小さな田舎町に暮らす、佐賀《さが》さんという方から聞かせていただいた話である。

彼の家から少し離れた山中には、土地の者たちからかつて「人喰い墓場」と呼ばれた墓地があった。その名の由来は、あまりにも不可解かつ、怪しげな事象の連なりにある。

件の墓地は、町外れの山麓から延びる長い坂道を上った先にある。

道は細いうえに未舗装で、なおかつ周囲は旺盛に繁茂した樹々の枝葉に囲まれている。歩きづらいうえに昼でも薄暗いため、たどり着くにはそれなりの労力と胆力を要する。

墓地の広さは、およそ二十平方メートル。主には土葬の時代に立てられた古い墓石が、三十基ほど並んでいる。日頃の世話や手を合わせに来る者は、自ずと限られていた。

墓地は一応、地元の寺の管理下にあったのだが、互いの距離は遠く、寺は本堂の隣に新たな墓地も有していた。時代の古いこちらの墓地は、半ば忘れられていたようである。

昭和三十年代の中頃、この墓地の一角で不可解な集団自殺がおこなわれた。同じ東北の他県からやって来た四人組の若い男女で、いずれも首を括って死んでいた。内訳は男ふたりに女ふたり。墓地の周囲に生える木の中で、一際大きな樫《かし》の木の枝に縄を掛け、てんでに身体をぶらさげていたそうである。

険しい立地ゆえ、常日頃、墓地を訪ねる者はほとんどいない。それなりの日数を経て発見された遺体は、いずれも鴉に総身を啄《ついば》まれ、見るも無残な姿になっていたという。

現場付近から遺書のような物は見つからず、首を括った各人の身元が判明したのちも、自殺の動機に当たる事情は分からずじまいだったと伝わっている。

ただ、一説によると彼らは何かの宗教団体に属していたか、独自の信仰じみたものを持っていたのではないかという話はあった。

彼らが首を括った樫の木の幹には、大きな目玉や梵字《ぼんじ》のようなものが書かれた半紙が、大量に貼りつけられていたからである。

首吊り騒ぎがあって以降、墓地には男女の幽霊が出るという噂が囁かれるようになり、周囲に蔓延《はびこ》る樹々の荒々しさと相俟って、ますます不気味な様相を帯びるようになった。以前にも増して、気楽に墓へ参じる者はいなくなる。

斯様に地元民の間で山の墓地が薄気味悪がられるさなか、二度目の凶事が起きたのは、首吊り騒ぎからおよそ二年後のことだった。

そろそろ年の暮れも迫る寒い時季の頃、町に暮らす七十代の老婆が、墓地から遺体で発見された。死因は低体温症による凍死。遺体は墓地の地べたに横たわっていたという。先の男女らの時と同じく、鴉や獣に身体の一部を喰われていた。

この時も遺書は発見されなかった。遺族の話によれば、自殺をするような動機もない。老婆は遺体が発見される二日前の夕方、近所の商店へ「豆腐を買いに行ってくる」と言って出掛けたきり、行方不明になっていた。家を出ていく際、普段と変わった様子は見られなかったそうである。

遺体に乱暴された形跡は見当たらず、財布も中身が手つかずのまま、懐に入っていた。他殺の線は早々に打ち消されてしまう。

結局、事故死ということで片づけられてしまったのだけれど、山の墓地は彼女が本来向かうはずだった商店とは、真逆の方角にあった。墓に先祖が眠っているわけでもない。

凍死へ至る動機も経緯も分からずじまいのまま、山中の墓場における二度目の騒ぎは、代わりに不穏な余韻を残して幕をおろすことになった。

それからさらに五年ほど経った、昭和四十年代の初め頃。

真夏の暑い盛りに墓地から再び遺体が発見された。

最初の自殺騒ぎの時と同じく、この時も首を吊った遺体である。

亡くなったのは、三十代半ばの主婦。彼女が縄を結わえて首を括ったのは、奇しくもかつて四人の男女が縊死《いし》した樫の木だった。

遺体を発見した者たちの証言によると、樫の木にぶらさがる彼女の身体は鴉に啄まれ、腐乱した肌肉のあちこちが穴だらけになっていたそうである。

この時も遺書は発見されなかった。自殺へ至る動機も不明だった。

二度ならず、三度もこうしたことが起こってしまうと、噂の主題は自ずと幽霊よりも祟りのほうにシフトした。あそこは呪われている。お祓いが必要ではないかという話が、地元民の口の端に上ることになった。

実際、寺の住職が墓地へと赴き、土地の清めのような儀式をしたこともあったという。

だが、然様な対処の成果も虚しく、その後も異様な人死にが絶えることはなかった。

主婦の縊死から半年も経たないうちに、今度は地元の中学生が同じく首を括っている。

この時の死に場所も件の樫の木が選ばれた。遺書はなく、動機が不明な点も同じである。

山の墓地が「人喰い墓場」と呼ばれるようになったのは、この頃からだという。

若くして逝った彼もまた、遺体を鴉にやられていた。初めに死んだ四人の男女を含め、墓地で命を落とした者らのいずれもが、その身を鴉や獣に喰われている。

祟りの噂を思いながら、無残な遺体の様子に想像力を巡らせる。地元民の頭の中にはあたかも彼らが鳥獣たちでなく、墓場に貪り喰われたかのような印象を抱かせた。

中学生の死から二年後には、三十代の男性が墓地の中で死亡しているのが見つかった。彼は車で生鮮食品の移動販売をしている隣町の人間だった。

死因は心臓発作とも、脳溢血だったとも言われている。

墓地の奥側に面した地べたに倒れていたのだという。遺体は死の翌日に発見されたが、やはり鴉や獣たちに全身を貪られ、ふた目と見られない姿になっていた。

それから三年後の春には、地元の高校生が縊死。こちらは大学受験の失敗を苦にした自殺と伝えられている。現場に遺書があったそうである。

彼が死に場所に選んだのは、先に六人が首を吊っている、あの樫の木だった。

高校生の自殺からおよそ一年半後、昭和四十年代の終わり頃には、地元で畜産農家を営む五十代の男性が、なぜか全裸の状態で樫の木の根元に倒れているのを発見された。

遺書はなし。一時は事件性を疑われたが、のちに脳梗塞による突然死だったと分かる。

ただ、事情を知り得る地元民からすれば「またぞろ祟りが出た」という解釈になった。

かくして昭和三十年代の中頃からおよそ十五年の歳月の間に、墓場では実に十人もの人間が不審な死を遂げ、その身を鳥獣たちに惨たらしくも喰い荒らされてしまった。

然様な状況に大きな変化が生じたのは、昭和五十年代に入ってまもなくのことである。寺が町場に新たな墓地を建設し、人喰い墓場に建つ墓は、全て新墓地へと移された。

移転作業を進めるさなか、作業員のひとりが重機に腕を挟まれ、大怪我を負うというトラブルがあった。あるいはこれも祟りの為せる惨事かと、地元は一時騒然となったが、その後は特に何事も起こることなく、人喰い墓場は更地と化した。

果たしてこれが功を奏したものと見るべきか、長きにわたって続いた墓場の不審死は、墓の移転を境にして嘘のように収まってしまう。

墓場にまつわる不穏な噂話も次第に廃れ、やがて時代が昭和から平成に変わる頃には、滅多に口にする者すらいなくなった。

以上が人喰い墓場にまつわる、おおよその発端から終焉までのあらましとなる。

しかして話はまだ終わらない。むしろ本題は、ここから始まっていくのである。

人喰い墓場の不穏な噂がほとんど潰《つい》えた、平成時代の初め。

この頃、佐賀さんは高校生だった。

人喰い墓場の噂話は、幼い頃から両親や近隣住民から幾度となく聞かされてきたので、特に覚えるともなく頭に染みついていた。

半面、じかに墓場へ足を踏み入れたことはない。

単に「行くのが怖いから」というのも理由のひとつだったが、自宅から微妙に距離が遠いという事情もあった。車でも三十分近く掛かる。徒歩で山道を上るのも億劫である。

そうした恐れと不便さが両方重なり、時折湧きだす好奇心を押さえつけていたのである。

曰くの凄まじさと道のりの不便さゆえか、人喰い墓場が若者たちの肝試しの場として機能した実績はほとんどなかった。そうしたことを目的に地元の若い連中が向かうのは、気軽に行って帰ってこられる町場のお化け屋敷やトンネルなどが大半だった。

墓場が更地になってからは尚更のこと、わざわざ足を向ける意味がなくなってしまう。

佐賀さん自身も、おそらく一生出掛ける機会はないだろうと思っていた。

ところが高校三年生の夏休み、ふとしたことから状況が一変する。

八月半ば、月遅れ盆の時季だった。

昼間、近所に暮らす友人宅へ遊びに行くと、東京から来たという友人の従兄弟がいた。従兄弟も高校三年生。同い歳ということもあり、すぐに仲良く打ち解けた。

初めはテレビゲームなどをして遊んでいたのだが、時節柄、そのうち怪談絡みの話で盛りあがるようになった。自ずと人喰い墓場の話題も出る。従兄弟は多大な興味を示し、「墓場に行ってみたい！」と言いだした。

「今は何もないぞ」と教えても、「それでも行ってみたい」と言って譲らない。

佐賀さんは、暑いし面倒なので嫌だったのだが、次第に友人も行く気になってしまう。仕方なくバイクで出掛けることになる。時刻は夕方に近い頃だった。

墓場へ至る細い山道は、真夏の日差しを浴びて旺盛に繁茂した青草に半ば埋もれかけ、長らく人の行き来がないことを如実に物語っていた。上り口の手前付近にバイクを置き、行く手を阻む草木の葉っぱを両手で掻き分けながら上っていく。

まもなく着いた人喰い墓場の跡地は、山道ほどには青草の浸食を受けていなかった。

周囲を丈高い樹々に囲まれた薄暗い地面には、黒々と湿った土肌がのっぺりと広がり、草は地面の方々に小さな茂みを作ってまばらに生えているだけである。

墓石は全部移されたと聞いていたが、実際は違った。地面のちょうどまんなか辺りに古びた墓石が四つ、横一列になって並んでいる。

いずれも膝ぐらいの高さをした、灰褐色の自然石である。うっすらと苔が生えている。形は不揃いだが、どの石の表にも文字らしきものが刻まれているので、墓石だと分かる。なんと刻まれているのかは読み取れなかった。

墓石の背後に面した樹々の中には、一際大きな樫の木が生えているのも見えた。

他県から来た四人の男女を皮切りに、その後も三人の地元民が首を括ったと言われる、悪名高い古木である。三人で一頻《しき》り墓石を眺めてから、今度は木の前へと向かった。

大ぶりでいかにも頑強そうな枝を見あげていると、鴉に身体を啄まれた首吊り死体の幻が見えてきそうで、幽《かす》かに背筋がざわめいてくる。

友人と従兄弟も「気味が悪《わ》りぃ」とつぶやきながら、太く伸びた枝を見あげている。

苦労して山道を上っては来たものの、あまり長居はしたくなかった。他に見るべきはもうなさそうだったし、「そろそろ帰ろうぜ」と声をかける。

すると従兄弟のほうが「ちょっと待って」と囁き、樹々の方々へ視線を向け始めた。声が聞こえてくるのだという。

耳を澄ましてみるとヒグラシの鳴き声に混じって、ごくごく小さくだけれど、確かに妙な声が聞こえてきた。吐息のように乾いた声音で、同じ言葉を何度も繰り返している。そんな印象の声だった。何を言っているのかは分からない。

場所もいまいち判然としなかったが、木立ちの中から聞こえてくるように感じられる。声は友人も聞こえるという。やはり木立ちのほうから聞こえてくるとのことだった。

荒々しく枝葉の生い茂る樹々のあちこちに視線を巡らせていくうちに、声は少しずつ大きくなっていくように感じられた。

「しちけらとふす、しちけらとふす、はぁはぁはぁ……」

声は日本語とは思えない、得体の知れない響きの籠った言葉を繰り返している。

「しちけらとふす、しちけらとふす、はぁはぁはぁ……」

「しちけらとふす、しちけらとふす、はぁはぁはぁ……」

声が大きくなっていくのにつれて、数も増えたことにふと気づく。あるいは初めから声は複数だったのに、こちらが気づかなかっただけかもしれない。

「しちけらとふす、しちけらとふす、はぁはぁはぁ……」

「しちけらとふす、しちけらとふす、はぁはぁはぁ……」

さらに耳を澄ませて声を聞き続けていると、誤解がもうひとつあったことに気づいて、頭の芯がぎゅっと強張る。

声はしだいに大きくなっていたのではない。こちらに向かって近づいて来ているから、耳にも大きく聞こえるようになっていたのだ。

「しちけらとふす、しちけらとふす、はぁはぁはぁはぁ……」

「あっ」と声をあげた瞬間、目の前に立つ樫の木の裏から、のそりと顔が突き出てきた。霞《かすみ》のように仄白い色をした顔が四つ、太い幹の両側からだらりと斜めに首を垂らして、こちらに視線を向け始める。

「しちけらとふす、しちけらとふす、はぁはぁはぁはぁ……」

それらに表情らしきものは見られなかった。作り物めいた、冷たく無機質な面持ちで、もごもごと口元ばかりが忙しなく動いている。

頭部に髪の毛はなく、年頃や男女の判別もおぼつかない。

どの顔も鉛筆で描き表したかのような、鈍色《にびいろ》に輝く丸い目をしていた。

「しちけらとふす、しちけらとふす、はぁはぁはぁはぁ……」

「しちけらとふす、しちけらとふす、はぁはぁはぁはぁ……」

佐賀さんが悲鳴をあげるより早く、友人と従兄弟が「うわっ!」と叫んで踵を返した。佐賀さんもふたりの背中を追って走りだす。

麓へ延びる山道に向かって死に物狂いで駆けるさなか、先ほど目にしたはずの墓石がひとつ残らずなくなっていることに気がついた。どこを見ても墓石がない。

ようやくの思いで山を駆けおりてきたのち、友人と従兄弟にも尋ねてみたのだけれど、ふたりも墓石がなくなっていたと答えた。これで自分の勘違いでないことが証明される。予想だにしない事態に見舞われ、誰もがすっかり震えあがってしまった。

後日、他の友人たちに人喰い墓場で起きた一部始終を語って聞かせた。

大半が信じてくれたのだが、話が噂になって広まることはなかったし、墓場の様子を見に行く者もいなかった。月日が経つにしたがい、佐賀さん自身も当時の恐怖が薄まり、そのうち思いだすことすらほとんどなくなってしまう。

風化しかけた記憶が再び蘇ったのは、人喰い墓場の怪異を体験してからおよそ六年後、佐賀さんが成人して、地元の工場に勤めるようになってからのことである。

春先のある日、友人から電話が入った。昔、人喰い墓場へ一緒に行った友人である。例の従兄弟が死んだのだという。それも人喰い墓場で死んでいた。遺体は昨日の午前中、友人が発見した。例の樫の木に首を括ってぶらさがっていた。

一昨日の晩、従兄弟から携帯電話で不審な連絡が来たのだという。

「なんかちょっと、呼ばれちゃってさあ！　いやあ、ほんと参っちゃってさあ！」

通話に応じると従兄弟は挨拶もそこそこに、明るい声音で叫ぶように言いだした。

「誰に？」「どこに？」と尋ねても、返ってくる答えは要領を得ない。

「選ばれちゃったみたいでさあ！」とか「もうひとり増やしたいって話でさあ！」とか、焦点の定まらない台詞を、陽気な早口でひたすら捲し立てるだけである。

「ちょっと落ち着けよ」と宥めたが、彼の調子は変わらなかった。「普通じゃない」と思いながら話を聞いていると、そのうち従兄弟の声に交じって、別の声も聞こえてきた。

「しちけらとふす、しちけらとふす、しちけらとふす、はぁはぁはぁはぁはぁ……」

吐息のように乾いた声音。意味の知れない同じ言葉を延々と繰り返している。

古い記憶がじんわりと鎌首を擡《もた》げ、背筋に冷たいものが蛇のように這いだした。

「おい、近くに誰かいるのか！」

「そろそろ時間だって言ってるからさあ！　切るわ！　近くで会ったらよろしくう！」

一際大きな声で叫ぶや、従兄弟はぶつりと電話を切ってしまう。

何度か掛け直してみたのだが、繋がることはなかった。

翌朝、改めて連絡を取ろうとしても、やはり電話は繋がらない。

ますます嫌な予感を覚え始め、今度は彼の自宅に直接電話をしてみると、母親が出た。

従兄弟は昨日の夜から姿が見当たらないのだという。

「近くで会ったら」という従兄弟の言葉を思いだし、別種の嫌な予感が湧いてくる。

友人は父親に事情を伝え、ふたりで人喰い墓場へ行ってみた。墓場へ至る山の入口に見知らぬ車が停まっていたのを見た瞬間、墓場で起きていることが目に浮かぶ。

山道を登ると、ほとんど予期していたとおりの光景があったのだという。

遺書は見つからなかったそうである。自殺に至るような動機もなかった。

友人は口にこそださなかったが、従兄弟の自殺を墓場の祟りと考えているようだった。

佐賀さんのほうは、完全にそうだろうと思ってしまう。

墓場には当時、自分も友人も行っている。得体の知れない声も聞いている。

あるいは自分たちもいずれ、墓場に呼ばれるのではないかと思って、ひどく怯えた。

幸いにもそんなことにはならなかったのだが、悪いことに話はまだ終わらない。

友人の従兄弟が死んで二十年近く、佐賀さんが四十路を迎えた三年前のことである。

夏場に勤め先の工場で呑み会があった。

大半の面子が一次会の参加のみで引きあげるなか、佐賀さんは二次会にも付き合った。

個人営業の居酒屋に十名ほどのメンバーが移り、酒宴の続きが始まる。

時刻がそろそろ深夜を迎える頃である。夏の風物詩ということもあり、誰とはなしに怖い話をするようになった。呂律の怪しくなってきた舌で、各々が順繰りに語っていく。

次第に場が盛りあがっていくなか、佐賀さんはひたすら聞き役に徹した。

たとえ強烈な実体験はあっても、とても他人に語る気にはなれなかった。

ところがしばらくすると、意外な流れになってしまう。

「みなさん、人喰い墓場って知ってますか？」

荒川《あらかわ》君という若い社員が、含みを帯びた口調で唐突に切りだした。

二次会の参加メンバーには知らない者のほうが多かった。知っているという者たちも、くわしい歴史についてまでは知らなかった。佐賀さんは素知らぬふりを決めこんだ。

一方、荒川君のほうは、それなりに墓場の事情にくわしかった。

昭和三十年代中頃に発生した男女の首吊り騒動の件も知っていたし、その後に続いた自殺や不審死についても大筋を理解している。興味があって調べたとのことだった。

他のメンバーたちが「怖い！」と顔をしかめ始めると、荒木君は満足そうな面持ちで「実はこの間、肝試しに行ってきたんですよ」と言った。

一週間ほど前のことだという。真夜中に荒木君を含む男三人、女ふたりのメンバーで、「調査」と称して人喰い墓場の冷やかしに向かった。その時の様子は、スマホに動画で記録してきたそうである。

「これなんですけどね」

言いながらタップしたスマホの画面には、懐中電灯の光に照らしだされた夜の山道が映っている。スピーカーからは、賑やかに交わし合う男女の声が聞こえてきた。

前方に生い茂る草葉を掻き分け、画面はまもなく墓場へ至る。

暗闇に包まれた地面の先には古びた墓石が四つ、並んでいるのが映っていた。

目にした瞬間、佐賀さんの胃の腑がしんと冷たくなる。息を呑みつつ見続けていると、カメラはひとりの若い女性に向けられた。

「ねえ、ヤバいよ。やっぱりヤバい。早く帰ったほうがいいと思う……」

女性は顔じゅうを強張らせ、今にも泣きだしそうな様子でカメラに訴えている。

「大丈夫だって！　心配ねえから、じっくり見てこうよ！」

スマホを構える荒川君を始め、他の男たちも笑いながら彼女を制する。

そんなやりとりを何度か繰り返していた時である。ふいに女性が金切り声を張りあげ、
墓地の外へ向かって猛然と駆けだした。続いて荒川君と男ふたりの「待てよ！」という
声が聞こえ、カメラは彼女のあとを追い始める。その時だった。

「しちけらとふす、しちけらとふす、しちけらとふす、はぁはぁはぁはぁはぁ……」

女性の悲鳴と男たちの声に紛れて、吐息のように冷たく乾いた声が聞こえてきた。

「しちけらとふす、しちけらとふす、しちけらとふす、はぁはぁはぁはぁはぁ……」

声がひっきりなしに聞こえるなか、動画は女性を追って山道を下るところで終わる。

「お分かりいただけただろうか？」

芝居がかった低い声音で荒川君が問う。みんなは「聞こえた！」と声を揃えて答えた。

「現場では全然聞こえなかったんですけどね」

声はあとになって、動画をチェックしていた時に気づいたのだという。

「動画で『早く帰ったほうがいい』って言ってた女の子、果歩《かほ》ちゃんっていうんですが、この娘、昔から霊感が強いらしいんです」

人喰い墓場に行く前から悪い予感がして、反対していたそうである。

「残念ながら動画には映ってないんですけど、果歩ちゃんは人喰い墓地の中で白い顔を見たって言うんですよ。昔、何件も首吊り自殺があった古い木の陰から、ぼおっと光る白い顔が四つか五つくらい、果歩ちゃんのほうをじっと見ていたらしいんです」

佐賀さんが再びぞっとするなか、誰かが「それって何者なんだろう?」と尋ねた。

荒木君は「多分ですけど、最初に首を吊った四人の男女じゃないですか?」と言う。

「何かの宗教団体に入ってたとか、特殊な信仰を持ってたって話もあるじゃないですか。みんなで死ぬ前に、本気でヤバい呪いみたいなものを墓場に残してったかもしれないし、下手したら、そういうことをするのが目的で死んだ可能性も考えられるんですよね」

彼の話は憶測に過ぎなかったが、言われてみれば納得できる節はあった。

墓場は昔から呪われている。それは、呪いをかけた者がいるからである。

「どんな理由で」という疑問も出たが、荒川君もさすがにそこまでは分からないという。

ただ、得体の知れない声は、何かの呪文を唱えているようにも聞こえるとのことだった。

思わぬ線から新たな人喰い墓場の怪異を聞かされ、二週間ほど経った頃のことである。荒川君からとどめのごとく、身の毛もよだつような続報を聞かされた。

件の果歩ちゃんが死んでしまったのだという。

死因は不明とのことだった。独り暮らしのアパートで、冷たくなっていたそうである。

「不謹慎ですけど、やっぱり呪いか祟りなんですかね？」などと荒川君はつぶやいたが、佐賀さんは答えを決めたくなかった。

人喰い墓場の中で出た死者は、少なくとも佐賀さんの知りうる限り、二十年近く前に首を括った友人の従兄弟が最後である。以来、自殺者も変死者も出ていない。

けれども、荒川君たちのように肝試しなどが目的で、人知れず墓場を訪れている者が他にもいると仮定した場合、その記録も死者の数も分からないものになってしまう。

現に果歩ちゃんは、自宅で死んでいるのである。

考えたくはなかったが、他にも死んでいる者がいるのではないかと思ってしまった。

発端も原因も法則も不確かなまま、あまりにも忌まわしい歴史を抱える人喰い墓場は、未だに佐賀さんが暮らす地元の山中に、ひっそりと存在している。

今から数年前、私はこんな話を自宅の仕事場で長々と聞かせていただいた。

「本職の拝み屋さんが現地を調査すれば、何か分かるのではないでしょうか?」

佐賀さんからはそんな提言もお受けしたのだけれど、未だに実現には至っていないし、今後も現地へ赴くつもりはない。

話を聞いただけで直感的に、自分の手に負えるものではないと判断したからである。

触らぬ神に祟りなし。

私はまだ死にたくない。特にこんな、得体の知れない災厄に殺されるような形では。

顔面滝

想像していたものとはだいぶ違ったが、確かに奇怪なことは起きた。

馬越《まごし》さんが高校時代、夜中に友人たちと肝試しに出掛けた時の話である。

恐怖の舞台に選んだのは、隣町の山道沿いに立つ廃ドライブイン。

嘘か誠か、元は墓地だった場所に建てられたという噂があり、祟りであっというまに潰れてしまったのだという。経営難を苦に自殺した、女社長の霊が出るとの話もあった。

夜中にバイクで現地へ赴き、緊張しながら内部へ侵入。みんなで肩を寄せ合いながら、ゴミとガラクタで荒れ果てた店内を歩きだす。

噂の真偽はともかくとして、いかにも何かが出そうな雰囲気ではあった。

ただ、出そうな雰囲気はあっても、本当に何かが出てくるということもなかった。

それでも「怖《こえ》え」と声をひそめ合いながら、闇夜に染まる店内をうろつき歩く。

異変に気がついたのは、馬越さんがそろそろ引きあげようかと思い始めた時だった。

隣を並んで歩いていた桐野《きりの》君という友人が「ふはぁっ……」と妙な声を絞りだした。

見ると全身がずぶ濡れになり、顔や腕から無数の水滴が滴《したた》っている。

「どうした！」と声をかけると、桐野君は「分かんねえ……いきなり出てきた」と答え、歯の根をがちがち震わせた。

意味が分からず、さらにくわしく事情を尋ねたところ、彼の身体を濡らしていたのは単なる水ではなく、冷や汗だということが分かった。つい今しがた、何気ないそぶりで歩いていたところ、急に身体じゅうから冷たい汗が噴き出てきたのだという。

汗と言われても、尋常ではない量だった。

着ているシャツの色みがすっかり濃くなるくらい濡れているし、髪の毛も水の重みでぺしゃんこになっている。様子を見ていると、汗はまだまだ止まる気配がない。

暑い季節のことではあったが、深夜ということもあり、店内の気温は落ち着いていた。馬越さんを含む他の面子は誰ひとり、わずかに汗ばむ者すらいなかった。異様な発汗を来たしてずぶ濡れになっているのは、桐野君だけである。

「大丈夫か？」と尋ねたが、すぐに震え声で「ダメだ」と答えが返ってきた。

悪寒がひどく、立っていることさえ辛いという。仕方なく、肩を貸して外へ連れだす。帰りは馬越さんが自分のバイクのうしろに桐野君を乗らせて山道を下った。桐野君のバイクはドライブインの裏手に停め直し、あとから取りに来ることにした。

帰り道を走るさなか、桐野君はしばらく背中越しにがたがた震え続けていたのだが、自宅が近づく頃にはだいぶ落ちつき、汗が出るのも治まっていた。


それから数日後、同じメンバーで昼間にバイクを取りに行くと、ヘッドライトの上に四角い紙が貼られていた。紙には筆のような物で、丁髷《ちょんまげ》を結った男の顔が描かれていた。歯を食いしばってこちらを凄まじい形相で睨みつける、とても気味の悪い絵だった。

誰が貼っていった物かは分からなかったが、バイクは他に悪戯された形跡はなかった。

こうした一件があって以来、気がつくと桐野君は、肌の色が妙に青白くなってしまい、たびたび原因不明の熱をだして学校を休むようにもなってしまった。

二十歳になる頃までには遊んでいたのだけれど、その後は自然と疎遠になってしまい、十年ほど経って他の友人に近況を尋ねたところ、すでに死んでいたことが分かった。

成人してまもなく、やはり原因不明の高熱が仇《あだ》となって逝ってしまったのだという。

黒髪滝

こちらもドライブインでの話だが、営業している店での体験談となる。

会社員の須摩《すま》さんが、仕事の出先で田舎の寂れたドライブインに入った時のこと。

テーブル席につき、注文を終えて店の中を見回していると、上がり座敷になっている客席の天井から、何かが垂れさがっているのが目に入った。

黒くて細長い形をした物体で、天井から二メートル近くの長さでまっすぐ伸びながら、さわさわと左右に揺らめいている。

一見すると黒い滝のように見えたそれは、恐ろしく長い黒髪の束だった。

驚いて身を乗りだすなり、髪は天井へするすると吸いこまれるように消えていった。

上がり座敷へ近づき、そっと様子を探ったのだが、天井板には髪が消えたとおぼしき穴はおろか、僅かな隙間すらも見られなかったとのことである。

壁に立つ

「垂れさがる」でもう一話。

病院で警備の仕事をしている猪尾《いのお》さんが、こんなものを目撃している。

夜遅く、救命病棟で患者が暴れているとの報せが入り、現場へ向かった。

どうにか事なきを得て警備室へ戻る道すがら、薄暗く染まった院内の廊下を曲がると、前方の壁に女が突っ立っているのが目に入る。「壁に」突っ立っている女である。

青い病院着を纏った髪の長い女で、血色の悪い裸足を壁に向かってべたりと貼りつけ、床から真一文字の角度で留まっている。長い髪だけが、床に向かって垂れさがっていた。

信じがたい光景に唖然となって凍りつくさなか、女はやおら足のほうからずぶずぶと、壁の中へ吸いこまれるように消えていった。

勤め先で妙なものを見たのは今のところ、これが最初で最後だという。

一発引退

「最初で最後」でもう一話。
本シリーズでは割と常連の趣きがある、こっくりさんにまつわる怪異である。
与野《よの》さんという、本シリーズの愛読者が高校時代にこんな体験をしたそうである。
ある日の放課後、彼は教室で友人たちとこっくりさんをやることになった。
五十音などを書いた紙の盤面に十円玉を置き、その上に各々の指先を添える。
「こっくりさん、こっくりさん、お越しになられましたらお答えください」
声を揃えて呼びかけてまもなく、十円玉の表面にもやもやと黒いものがざわめいた。
無数の蟻《あり》が蠢いているような動きである。
「あっ」と声をあげた時には、十円玉は火葬場で焼かれたように真っ黒くなっていた。
心底怯えた彼はそれ以来、こっくりさんは二度とやらないと心に決めたそうである。

落女（黒）

古藤《ことう》さんが正月に、妻とふたりで地元の神社を訪ねた時のことである。

山裾にある小さな神社で、夕方近くに出掛けたこともあり、境内に人の姿はなかった。周囲に気兼ねせず、静かに参拝するにはちょうどいい具合である。

拝殿の前に妻と並んで、長々と合掌する。

拝み終えて踵を返すと、鳥居の真上に黒い人影が立っているのが見えた。

髪の長い女のように思えたが、背後で輝く西日の逆光に照らされ、その姿は真っ黒な輪郭にしか見えない。身体はこちら側に表を向けているのがかろうじて分かったのだが、それ以外は判然としない。本当に黒一色の影が屹立しているかのような印象である。

「何あれ！」

妻もはっと気づいて、鋭い声をあげた。

とたんに影が鳥居の上から真っ逆さまに落っこちた。
夫婦揃ってぎょっとなりつつ、身構える。
静寂。
影は地面に敷かれた石畳に叩きつけられる直前に、ふたりの視界から消えてしまった。
まるでテレビの電源を切った時のような、目にも止まらぬ一瞬の消失だった。

「正月早々、気持ち悪いし、縁起も悪い」
そんなことを言いながら三が日を過ごし、正月が終わってまもなくのことである。
古藤さんの妹が、市街のマンションから飛び降り自殺を図って亡くなった。
彼女は少し前に交際相手の浮気が発覚してしまい、だいぶ塞ぎこんでいる様子だった。
「しばらくそっとしておいてほしい」とのことで、正月にも連絡は取り合わなかった。
のちに見つかった遺書は、なぜか黒い画用紙に白いペンで書かれていたそうである。

落女（赤）

田部井《たべい》さんが中学の頃、夏の林間学校でこんなことがあったという。

消灯時間が過ぎたあと、同室の生徒らと怖い話をすることになった。

暗い部屋のまんなかで車座になり、代わる代わる話を始めてしばらく経った時である。

ふと頭上に妙な気配を感じて視線をあげると、赤い人影が大の字になって、天井から降ってくるところだった。

思わず悲鳴をあげて背後に身を引くなり、車座になっていた他の連中も一緒になって悲鳴をあげつつ仰け反った。

赤い人影は大の字のまま、車座のまんなか辺りまで音もなく落下すると、姿を消した。

カーペットが敷かれた床を突き抜け、影も形もなくなったのである。

その場にいた全員が同じものを見ていて、現場はしばらく騒然となった。

田部井さんを含むいずれの面子も、落下してくる人影を見たのは一瞬のことだったが、姿は「上下に赤いジャージを着た女」という意見で一致する。

自分たちと同年代の少女で、中には「顔に笑みを浮かべていた」と証言する者もいた。

この部屋か、あるいは宿泊施設のどこかで死んだ娘ではないか？

そんな憶測も飛びだしたし、怪異が起きた原因を「怖い話をしていたからだ」と言う者もいた。けれども真相はすでに藪の中。確かな答えが出ることはなかった。

ただ、十名ほどの面々が、天井から落ちてくる少女の姿を目にして震え慄いた。

そんな異様な光景だけが、当時から二十年以上経った今でも生々しい臨場感を帯びて、脳裏の襞《ひだ》に刻み付けられているのだという。

墓蛍

専業主婦の石子《いしこ》さんが、幼稚園児の頃にこんな体験をしたことがあると語ってくれた。

真夏のことだったという。

石子さんは隣町にある、叔母さんの家へ泊まりに出掛けた。

夜になって晩ご飯を食べたあと、喉が乾いた石子さんは「ジュースが飲みたい！」と叔母さんにせがんだ。だが冷蔵庫にはあいにく、麦茶しかなかった。

「これで我慢しなさい」と言われたのだけれど、石子さんはやはりジュースが飲みたい。駄々をこねて騒いでいたところ、叔母さんの家の婆ちゃんが解決策をだしてきた。

「だったら一緒に買いに行こう」

家から少し歩いた距離に自動販売機があるのだという。

「我がまま言って」と渋い顔をする叔母さんを尻目に、婆ちゃんとふたりで家を出る。

懐中電灯の薄明かりを頼りに夜道を歩いていると、道の前方で何かが光っているのが目に入った。

電球くらいのサイズをした白い光で、数は満点の星空のようにたくさん。

それらがゆっくりと明滅しながら、暗闇の宙を漂っている。

前方の道端には古い墓場が広がっていた。光は墓場のほうからふわふわと舞ってきて、道の上や電信柱の周りで仄白くちらついている。

「蛍だ！」と叫んだとたん、婆ちゃんが石子さんの手首をぎゅっと掴んだ。

そしてすかさず踵を返すや、夜道を猛然と戻り始める。

「どうしたの？」

すっかり驚いて尋ねると、婆ちゃんは石子さんの手を引きながら震え声で答えた。

「蛍じゃない。人魂だ！」

まさかと思って背後を振り向くと、確かに闇夜を舞っているのは蛍の光ではなかった。

蛍の光はあんなに白くはないし、大きくもない。言われるまで気づかなかった。

ジュースは諦め、大泣きしながら家まで慌ただしく逃げ帰ったそうである。

共に怖がる

昭和五十年代の終わり頃、岸江《きしえ》さんが小学三年生の時のことだという。

夏休みに町内会主催の肝試しが開かれることになった。

地元の寺が管理する墓地を少人数で練り歩き、怖くて楽しいひと時を過ごすのである。

コースに定められた墓地の中には、係の大人たちがお化けの役に扮して隠れていたり、要所にチープな仕掛けが施されていたりして、子供たちを驚かす。

当日の夜、会場に向かった岸江さんは、同学年の友達ふたりとグループを組んだ。

懐中電灯を携え、みんなで肩を寄せ合いながら暗く染まった墓地の中を歩き始めると、さっそく墓石の裏に隠れていたお化けが「わっ!」と出てきて血の気を引かせた。

その正体が、近所のおばさんや駄菓子屋のご隠居なのだと分かっていても、いきなり出てきて脅かされるのはやはり怖い。みんなで奇声をあげつつ、墓地の中を進んでいく。

道案内の看板に従い、コースを半分ほどまで進んだ頃だった。

またぞろ墓石の陰からお化けが突然、飛びだしてきた。

浴衣に身を包んだ高校生のお姉さんで、日頃から岸江さんたちがよく知る人物である。

とはいえ、やはり怖い。みんなでぎゅっと身体をしがみつかせて、悲鳴をあげる。

そのさなか、岸江さんはふと違和感を覚えた。なんだかひとり、数が多い気がする。

悲鳴をあげつつ様子を探ってみると、いつのまにか白い着物を召した小さな女の子も、自分たちの身体にべたりと身を貼りつかせている。

それは靖子《やすこ》ちゃんという、岸江さんの同級生だった。

とたんに今まで楽しく叫んでいた悲鳴が、本物の凄まじい大絶叫へと切り替わる。

靖子ちゃんは半年ほど前、近所の堀に落ちて亡くなっている。

墓はこの墓地にあるが、とっくに骨と化して冷たい土の下に収まっているはずだった。

他の子たちも異変に気づき、火がついたように泣き叫ぶ。お化けに扮したお姉さんも金切り声を張りあげた。

みんなで半狂乱になって騒いでいると、靖子ちゃんは煙のように姿を消してしまった。

こうした怪事が原因となり、翌年以降は肝試しが開かれることはなかったという。

じゃじゃ降り

こちらも肝試しにまつわる話。袴田《はかまだ》さんという四十代の男性から聞かせてもらった。

彼が社会人になってまもない頃である。夏場の深夜に友人たちと肝試しをおこなった。

郊外の山裾に普段は誰も寄りつかないような古びた墓地がある。少し前に後輩たちが肝試しに行って白い人影を見たというので、本当に出るのか確かめてみるつもりだった。

車で向かい、道のりは順調だったのだが、途中から雨が降ってきた。

初めはぽつぽつだった雨足は墓地に着く頃、滝のような大雨になってしまう。

墓石が並ぶ傍らに車を停めたが、雨は止む気配がなかった。そのうち、誰とはなしに
「帰ろうか?」という話になってくる。

袴田さんも同意だった。来ようと思えばいつでも来られるし、仕切り直すことにした。

そこへ友人の携帯電話が鳴る。先日、肝試しに行った後輩からだという。

電話口で彼が語るには今しがた、袴田さんたちが墓地へ肝試しに行くという夢を見た。当たっていたし、車内にいるメンバーも一致している。

夢の中で袴田さんらは墓地の中を歩いているのだが、そのさなか、白い着物姿の女に追われて死んでしまう。そんな夢だったので、不安を覚えて連絡してきたのだという。

気味の悪い話だったが、それでも所詮は夢である。全部が当たるとも思えなかった。

「夢の中で雨は降ってたか？」

友人が尋ねると、後輩は怪訝な声音で「雨、降ってるんですか？」と問い返してくる。後輩宅の近所では雨など降っていないという。

「は？」とみんなで声を発したとたん、車外がしんと静まり返った。窓の外を見やると、雨など一筋も降っていない。地面もからからに乾いていた。

墓のほうでは暗がりの中に白い球体が浮かんでいる。人の首と同じくらいの大きさで、上下に小さく揺らめきながら、こちらの様子をうかがうように浮いていた。

正体を確かめようにも、車を降りたら後輩が見た夢と同じ末路になりそうで怖かった。誰もが「逃げよう」ということになり、急いで墓地から車をだした。

なんとなくだが、得体の知れない雨に救われたのではないかという話である。

謎メット工房

私自身の話である。

やはり大した話ではないのだが、これは少しばかり気味の悪い体験だった。

二〇一七年の晩秋、県南のとある田舎町へ出張相談に伺った。

依頼主の住まいで近々改築工事がおこなわれるため、土地祓いを依頼されたのである。

自宅から車で二時間ほどかけ、午後の遅い時間に現地へ着いた。

事前に山の中の立地とは聞いていたが、依頼者宅は想像していたよりも山奥にあった。

時間に余裕を持って出発したのだけれど、山に入ってからの道中でかなり迷ってしまい、約束していた時間より、一時間近く遅れる羽目になった。

土地祓いに要する最低限の準備は事前にしてもらっていたので、頼まれた仕事自体は三十分ほどでつつがなく終わる。他に用件がなければ、折を見て帰るつもりだった。

ところが土地祓いが終わってまもなく、予期せぬ流れになってしまう。

依頼主の一家は、揃って拙著の愛読者だった。昔から怖い話全般が好きなのだという。

「よければ、いろいろお聞かせいただきたいのですが……」

五人暮らしの家族から嬉々としてせがまれ、拙い怪談語りを披露することになる。

結果、気がつくと夜の十時を過ぎる時間になっていた。

乞われるままに話しこんでしまったし、一家も自前の怪談話をずいぶん披露したので、思いがけない長丁場になってしまったのである。それなりに満足してもらえたであろう一家に見送られながら、お暇させてもらった。

晩秋の冷たい闇に染まる山道に視線を凝らし、麓を目指して慎重に下り始めたのだが、元々大いに迷わされた山である。

依頼主からは一応、帰りのルートを教えてもらったものの、おぼつかない感じだった。

山中は細い道が何本も入り組んでいるうえ、Y字路や三叉路になっている分岐点も多い。右に進むつもりが「あっ」と思った時には左の道に滑りこんで引き返す羽目になったり、あるいは間違えたことにすら気づかず、山道を走り続けた。

そして私は迷子になってしまう。二時間経っても山から一向におりられなかった。

時刻は零時過ぎ。ただ「山中にいる」というのが分かるだけで、現在地は不明である。依頼主に電話でもう一度、ルートを尋ねることもできなかった。時間が時間だったし、そもそも自分が今いる場所すら説明できないのでは、どうしようもない。

不穏なことに山道を迷走する間、他の車は一台も見かけなかった。これが一層心細い。さすがに当てもなく走り続けても埒が明かないだろうと思い始めた時、山道の前方に墓地が見えてきた。ヘッドライトに浮かびあがる墓石は、いずれも色褪せて古びている。あまり気は進まなかったが、墓石が並ぶ手前には砂利が敷かれた駐車スペースがあった。運転疲れも出始めていたし、渋々ながらも車を寄せて停車する。

あくびをしながら身体をほぐしていると、墓石の間に何かが一瞬、ちらついて見えた。反射的に視線を向けると、暗闇の中に浮かぶ白い人影を捉えた。

髪の短い女が呆けた顔で、墓地の中をふらふらと歩いている。

女は白いパジャマのような服を着ていたが、外の気温は十度を切るような寒さである。まともな恰好とは思えなかった。

時間も場所も異様である。即座にこの世の者ではなかろうと思って身構える。けれども同時に、なんだか妙な具合だと感じた。いまいち判別がつかないのである。

私の場合、いわゆる「お化け」や「幽霊」の仲間を目で捉えると、姿が生身の人よりはっきりとした像を帯びて視えることが大半だった。仔細は明瞭で距離なども関係なく、時に睫毛の一本一本に至るまで視認できる時もある。それは暗闇であっても関係ない。けれども墓地の中をうろつくこの女は、夜の闇に姿が濁って輪郭がぼんやりしている。じっと目を凝らしても駄目だった。暗くて細かいところまではよく見えない。

そうなると次第に疑わしい気分になってきて、幽霊に出くわした時とはまるで異質なひりひりした怖気が、頭の芯を強張らせた。

闇夜で姿がはっきり見えないということは、あれは生身の人なのではなかろうか。

自然と導きだされた可能性は、的を射ているように感じられた。

斯様なシチュエーションにおいて、目の前に幽霊がいるのと生身の人がいるのとでは、果たしてどちらが恐ろしく、どちらが危険なものだろうか。

答えをだす前に「ずらかろう」という決断に至った。

どちらであっても逃げさえすれば、こちらに害はないはずである。

近くでアイドリングしている車の存在に気づかないわけがないのだが、幸いにも女は今のところ、こちらに興味を抱く様子はなかった。静かに車を発進させる。

バックミラーから墓地の様子がすっかり見えなくなると、ようやく大きな息が漏れた。

ハンドルを握る手は小さく震え、心臓は早鐘を打っている。

もはや女を幽霊と思うことはできなくなっていた。同時に、こんな山深い墓地の中で、それも深夜を過ぎる遅い時間に、彼女は一体何をしていたのだろうと考える。

答えに至ることはなく、得体の知れない心地に駆られるだけだった。

一刻も早く忘れよう。それより今は、無事に山から抜けだすことだけに集中しよう。

気持ちを切り替えた矢先、今度は山道の前方に煌々と輝く光が見えてきた。

視線を向けると、道端に四角い建物が立っている。

外壁は灰色のコンクリート製。道路に面した建物の正面はシャッター扉になっていて、シャッターは半分ほど開いていた。光はそこから漏れている。

中には黄色い作業服を着た男が数人いた。これ幸いと思い、敷地に車を滑りこませる。

建物の正面付近に車を停めると、男たちは訝しげな目つきで私のほうを見つめ始めた。

「すみません」と声をかけつつ車を降りて、彼らの許へ歩み寄っていく。

「なんだい？　どうした？」

頭が禿げて恰幅のいい中年男が、にやつきながらこちらに向かって歩を詰めてくる。

事情を説明し、山をおりる道筋を尋ねると、禿げた男はこれみよがしに頭を振りつつ、

「あんた、この辺でカーナビなしじゃあ、きっちいよお！」と笑った。

それにつられて他の男たちも「ぎゃはは！」と声高に笑いだす。

男たちは全部で五人いた。いずれも四、五十代とおぼしい。

あまり思いたくはないのだけれど、一様に人相が悪かった。誰もが小首を大仰に傾げ、こちらを値踏みするような目つきで見つめている。口には半笑いが浮かんでいた。

「こっから三回曲がっていったら、おりられる。でも多分、ヒントがないと迷うなあ」

勿体ぶった調子で禿げた男が言う。

なんとなく気分を害し始めていた私は、素直に教えを乞うのをためらっていたのだが、こちらが何か言う前に禿げは「優しい俺は、教えてやっから」と言葉を継いだ。

禿げは建物の中へ引き返すと壁際の一角にあるスチール机の前へ行き、白い紙切れにボールペンを走らせ始める。

一方、私は入口の手前付近で待つことにした。男たちからあまり歓迎されていないと悟ったのも理由の一端だったが、それよりも大きな理由は、得体の知れない直感である。

私の頭の中の警報装置は「中に入るな」と告げていた。

建物の内部は二十坪ほどの広さがあった。外壁の形状に沿って中の造りも四角い。

全体的に雑然としていて、油と土埃で黒ずんだ床には無数の工具類が並んだワゴンや錆びかかったボンベ、ジャッキなどが、物置のような荒い配置であちこちに並んでいる。丸めたティッシュや潰れた煙草の空き箱なども至るところに散らばっていた。

壁際には背の高いスチール棚がぐるりと備えられている。支柱が大黒柱のように太い、無骨でいかにも頑丈そうな造りの棚である。中に並んでいる物が異様だった。

鈍い銀色の光沢を放つ、楕円形の物体。サイズは人の頭より少しだけ大きい。

表側の下部から上部に向かって中が空洞になっているし、全体の印象から推し量って、おそらく頭に被る物ではないかと思う。だが、なんのために被る物なのだろう。

ヘルメットのような物体は、おでこに当たる部分に小さな顔のオブジェが付いていた。材質は不明だが、色は真っ白。顔つきは薄く笑っていたり、苦悶の相を浮かべていたり、両目を大きく剥きだしていたりと様々である。

顔の作りがばらばらなのと同じく、ヘルメットの表面には他にも雑多な差異があった。頭頂部に扇風機の羽根ほどもある金属製のプロペラが付いた物、おでこから上の部分がフランスパンのように長い物、あちこちに電極を思わせる太いボルトが付いた物。

中には赤や緑の光がゆっくり点滅する、小さな電球が取りつけられている物もあった。発光というよりは発熱でもしているのか、ヘルメットの全体に細長く走るスリットから、橙色の眩い輝きを発している物もある。

そうした奇妙な物体が、棚の中に数えきれないほどびっしりと並んでいた。

仮にここがアート工房のような施設であるなら、常人には理解しがたい芸術品という解釈もできる。映像作品で使う小道具という認識でもいいだろう。

けれども私の目には、どちらであるようにも見えなかった。

それぞれのヘルメットが有する形の奇抜さもさることながら、造りが緻密過ぎるのだ。単に被って楽しむような物とは思えない。

電飾が光っている物があるということは、プロペラが付いている物は回るのだろうし、電極ボルトが付いている物には、本当に電流を走らせる機能が備えられている。

そんな気がしてならなかった。

男たちの不遜な態度に加え、こんな物体がずらりと並ぶ建物へ入る気になどなれない。何かの弾みで深入りするようなことになったら、想像もつかない厄介事に巻きこまれる。瞬時にそんな直感を抱いて、私は入口の手前で足を止めていた。

「おいおい、あんまりじろじろ見んなや」

横目でヘルメットの様子をうかがっていると、口髭《くちひげ》を蓄えた筋肉質の男に咎められた。

男は笑みを浮かべていたが、目は笑っていなかった。

「頭がバカになっちゃうぞお」

その傍らにいた茶髪の小男が、合いの手を打つようにおどけた調子で言う。

とたんに先ほど墓地で見かけた女の姿が脳裏に浮かび、不穏な想像を巡らせてしまう。

ひょっとしてあの女は、こいつらに何かをされたのではないだろうか？

「された」とするのが事実なら、それはヘルメットを使った何かである。

男どもに無理やりメットを被せられた彼女は、メットに秘められた何かの力の作用で頭がどうにかなってしまい、呆けた顔で墓の中をうろついていたのでなかろうか。

なんの裏付けもないのだが、この場にいるとあながち妄想とも思えなくなってしまう。

地図などもはやどうでも良いので、一刻も早く立ち去りたい気分になってきた。

そこへ机の前に齧りついていた禿げが「よっし」とうなずき、紙を片手に戻ってくる。

「こっから二回右に曲がって、左に一回曲がれ。地図にくわしく描いたったから」

拙い線と汚い字で表された地図を差しだし、自慢げな調子で禿げが言う。

手短に礼を述べるとすかさず踵を返し、車を敷地からだした。そのさなか、男たちは禿げをまんなかにして建物の入口にずらりと並び、せせら笑いを浮かべていた。

再び山道を走りだすと、ほどなく前方に分かれ道が見えてくる。最初は右に曲がれと禿げは言っていたが、一応確認しようと思い、助手席に置いた地図に手を伸ばす。

ところが地図はなかった。足元に落としたのかと思って視線を向けて見たのだけれど、こちらにもそれらしい紙切れは落ちていない。

一抹の不安を覚えたが、停車して車内を探すつもりはなかった。怖かったからである。もたもたしていたら、うしろから男たちが追ってくるような気がしてならなかった。

禿げに口頭で教えられた道順を頼りに岐路を選んで曲がりながら山道を下っていくと、二十分ほどで麓へ着いた。そこから先はすぐに国道が見つかり、午前三時を迎える頃にどうにか帰宅することができた。

自宅の車庫に車を入れたあと、車内を隈なく探したが、結局地図は見つからなかった。

先刻までに体験した一連の事象が夢か現か分からなくなり、軽い眩暈《めまい》を覚えてしまう。

記憶は一貫して鮮明ながら、今でも判別がつかず、腑にも落ちない出来事である。

どことも知れない闇深い山中をさまようなか、私は一体、何を見てきたのだろう。

結局こちら

今は六十代の半ばを迎える麻恵《あさえ》さんが若かりし頃、二十代の後半に体験した話である。

当時、専業主婦だった麻恵さんが日暮れ時、自宅の台所で晩ご飯の支度をしていると、玄関口に備えている電話が鳴った。

出れば相手は警察である。一時間ほど前に、夫が交通事故に巻きこまれたのだという。そのうえで、かなり重篤な状態と告げられた。

搬送先の病院を教えてもらい、半ば放心状態で家を飛びだす。

教えられたのは市街の総合病院だった。玄関から中へ入ると、血相を変えた看護師が慌ただしく駆け寄ってきて「こちらです！」と麻恵さんを促す。

足早に進む看護師の背を追って着いたのは、地下一階の薄暗い廊下だった。

辺りに人気はなく、壁際に黒革の長椅子がいくつか備えられている。

看護師は麻恵さんを長椅子に座らせ、「こちらでお待ちください」と言った。

長椅子の向かい側の壁には、古びた鉄製のドアがある。夫は中にいるのだろうか。

尋ねるまもなく、気づくと看護師はいなくなっていた。滲み出てくる涙を必死で堪え、夫の無事を祈りながら静かに待つ。

それから一時間近くした頃である。

地下へおりてきた別の看護師に「どうなさいましたか？」と声をかけられた。

事情を説明すると、看護師は怪訝そうな様子で「ここは霊安室の前ですよ」と答える。

驚いたのだが、ドアをよく見ると確かに「霊安室」と記されたプレートが貼ってある。

改めて事情を説明したところ、看護師は救命病棟のほうへ案内してくれた。

かくしてようやく夫の許へはたどり着けたのだが、すでに息を引き取ったあとだった。医師の説明では、わずか数分前のことだったという。

結局、夫の遺体は地下の霊安室へ移され、麻恵さんも長椅子に座り直すことになった。

初めに自分を地下へと連れこんだ看護師が何者だったのか。それ自体は不明ながらも冷静に考えれば、こちらが名乗りもしないうちに先導を始められる看護師などいない。

失意のどん底に突き落とされながら、麻恵さんはようやく気がついたのだという。

パタパタ

今から三十年ほど前のことだという。

杉田《すぎた》さんが中学生だった頃、近所に本間《ほんま》君という先輩がいた。

本間君は十九歳だったが、二年生の時に担任教師を殴って高校を退学させられて以来、職にも就かずぶらぶらしていた。趣味はバイク。維持費は親の財布で賄っている。

本間君はいつも暇を持て余していたので、何かにつけては後輩たちを自宅へ呼びだし、接待まがいの遊び相手をさせていた。杉田さんもそうした接待要員のひとりだった。

そうしたある日のことである。

肌身の蒸されるような暑い夕時、いつものように杉田さんは本間君の家に呼びだされ、自室でテレビゲームに付き合わされていた。

そのさなか、本間君は柄にもなく、頼んだわけでもないのに怖い話を勝手に始めた。

「なあ、おめえ。パタパタって知ってっか？」

「知りません」と答えると、彼は「待ってました」とばかりに囀《さえず》りだした。

パタパタとは、地元のトンネルに現れる化け物なのだという。場所は杉田さんたちの自宅から三十分ほどの距離にある、古びた長いトンネルである。

夜遅く、トンネルへ続く一本道をバイクで走っているさなか、ふいに背後の暗闇から「ぱたぱた！」と乾いた音が聞こえてくる。

何事かと思ってミラー越しに確認してみると、下半身のない男が凄まじいスピードでバイクを追ってくるのが目に入る。

男は剥きだしになった両腕を足代わりにし、肘の部分を路面に激しく打ちつけながら猛然と追ってくる。そのスピードは凄まじく、バイクに迫る勢いである。

ぎょっとなってこちらが一気に加速すると、本間君が語る「パタパタ」はミラーからみるみる距離が遠のいていく。一方、目の前にはトンネルの入口が近づいてきた。

生きた心地もしないまま中へと入り、半分ほどまで進んだ頃だという。

上からどさりと重たいものが落ちてきて、背中にがっしりしがみつく。

悲鳴をあげて振り向くと、にやりと笑ったパタパタの顔が目と鼻の先にあった。

「それで『ギャー!』ってなって、事故っちまうんだよ。どうだ、怖えだろ?」

本間君は実話だという。地元のバイク乗りの間では、昔から有名な話だそうである。

杉田さんは「怖いっすね」と答えたが、本当は怖くなかったし、信じてもいなかった。

話に登場するパタパタというのは、まったく同じ姿をした妖怪テケテケのパクリだし、話の作り自体も都市伝説か何かを下敷きにしたような胡散臭さに満ち満ちている。

そもそも杉田さんも同じ地元にいながら、そんな噂など一度も聞いた例《ためし》がなかった。

本間君には軽い虚言癖があったので、この話もすぐに嘘だと見抜いた。

「おめえも免許取ったら、気ぃつけろよ! パタパタに狙われたら絶対助かんねえ!」

意味のない忠告に「分かりました」と調子を合わせ、不毛な小噺は幕を閉じる。


それからひと月余り経った頃のことである。

本間君がバイクの事故で死んだ。

場所は地元の山裾に延びる、古びた長いトンネル。

本間君が「パタパタが出る」とでっちあげた、まさにあのトンネルである。

これだけなら単なる偶然とも思えたのだが、本間君の死に様は異様だった。

彼は身体が半分にちぎれて死んだ。

周囲から聞いた話によると、深夜にトンネル内を走行中、スピードをだし過ぎて横転。倒れていたところへ対向車線からやってきた大型トラックに腹を思いきり踏み潰されて、身体の上下が分断された。言うまでもなく、即死だったそうである。

本間君の死から半年を迎えた頃から、件のトンネルに今度は本当に幽霊が出るという噂が聞こえてくるようになった。無論、本間君の幽霊である。

本間君の幽霊には下半身がなく、二本の腕でトンネル内を這い回っているのだという。

仔細は異なれど、彼は生前でっちあげたパタパタと同じような異形と化してしまった。

「怪を語れば怪至る」とは、こうした結果も指すのだろうか。

噂を聞いて、慄きながらに杉田さんは思ったという。

当時から長い年月が過ぎた今でも、本間君の「パタパタ」は出るそうである。

ガチでした

元半グレの小堺《こざかい》さんは一時期、郊外の安アパートで暮らしていた。

あまりに家賃が安いので、仲間たちには「事故物件じゃねえの？」とからかわれた。

面白いジョークだったので小堺さんも悪戯心が湧いて、初めて部屋へやって来た者に「この部屋、事故物件なんだぜ」と脅かして楽しむのが恒例となった。

暮らし始めて一年近く経った頃も、部屋へ泊まりに来た友人に同じことを言った。

「なあなあ。この部屋、事故物件なんだぜ」

「ほんとだよ」

頭の真後ろで女の声が聞こえ、テーブルに置いていたコップがふたつ、勝手に倒れた。

その後、近所で尋ねてみたところ、件の部屋では本当に昔、殺人事件があったという。

さすがにガチでは洒落にならないと焦り、ほどなく引越したそうである。

すぐ死んだ

都内で暮らす柏崎《かしざき》さんが、三年前に引越した時の話である。

引越し先は、やはり都内にある築五年ほどの賃貸マンション。

部屋数が多く、内装も綺麗。おまけに家賃も破格だったが、世に言う事故物件だった。

前に住んでいた若い男が、殺した交際相手の遺体を腐乱するまで隠していたのだという。

少々気味は悪かったが、霊や祟りのたぐいは信じていないし、ペットも一緒に住める部屋だというのが決め手となった。愛猫を連れて暮らし始めることにする。

引越し当日、あらかた荷物を運び終え、ケージに入れた猫と一緒に部屋へ入った。

猫はケージからだすなり、天井の一角を怯えながら見あげ、それからぱたりと倒れた。

動物病院へ連れていった時にはすでに事切れていた。

死因は不明だったが、すぐに新たな住居を探すことにしたという。

巨人の話

こちらも都内に暮らす、木田《きだ》さんから聞かせてもらった話である。

八年前のことだった。ある秋の夕暮れ時、友人の中尾《なかお》さんから電話が入った。

彼はひどく落ち着かない様子で「今日、山で巨人を見た」と言う。

登山が趣味の中尾さんはこの日、朝から山梨県に聳える、とある山へと出掛けた。

そのさなか、山中の奥深くで恐ろしく大きな女たちを見たそうである。

数は三人。全員素っ裸で、黒くて長い髪の毛だけが、わずかに胸元を隠しているだけ。

身の丈はいずれも三メートル近くあった。

危うく気づかれそうになったものの、すんでのところで逃げ帰ってきたというのだが、かろうじて理解できたのはこれくらいで、細かいくだりは言葉が速くてよく分からない。

それを告げると、中尾さんは「だったら今からそっちに行く」と言う。

彼の家から木田さんの自宅までは、電車で三十分ほどである。

言われたままに待っていたのだが、それから二時間近く経っても訪ねてこない。

電話をしても応答がなかった。メールも返事がない。結局その日、中尾さんは現れず、奇妙な不安を抱えて木田さんは眠った。

中尾さんが亡くなったことを知ったのは、それから四日後のことである。

独り暮らしのマンションで、口から大量の血反吐《ちへど》を吐きながら死んでいたのだという。

事件性はないと判断されたが、死因は判然としなかった。

だが死亡推定時刻のほうは、ある程度絞られている。

四日前に木田さんとの通話を終えて、まもなくの頃だという。

まさかという思いはあったが、一連の流れを鑑みると、彼が詳細を話そうとしていた大きな女たちとの関連性を疑わずにはいられなかった。

中尾さんが山奥で見たというそれらは果たして、どんな存在だったというのだろう。

腫れ字の罰

関西地方のとある寺に生まれた美桜《みおう》さんから、こんな話を聞かせていただいた。

彼女が高校生の頃、寒い時季のことだったという。

ある晩、すっかり取り乱した様子の女性が、寺の庫裏《くり》へ訪ねてきた。

父である住職は出払っていて、母はちょうど夕餉《ゆうげ》の支度をしているところだったので、美桜さんが応対した。

事情を伺うと「息子が大変なんです！」と言う。そのうえで「助けてください！」と、泣きながら頭をさげられた。息子は車に乗っているという。

尋常ではない様子なので母を呼んできて、ふたりで境内の脇にある駐車場へ向かった。

彼女が乗ってきた車の中を覗くと、息子は後部座席に横たわって呻き声をあげている。

こちらもただならない様子である。

「どうなさったんですか？」と尋ねた母に、女性は「ご覧になってください！」と叫び、息子が着ていたトレーナーの袖を捲りあげた。

とたんに母娘揃って、ぎょっとなる。

肩まで捲られて露になった腕には、無数の赤い蚯蚓腫れ《みみずば》が浮いていた。

しかもただの蚯蚓腫れではない。ひとつひとつが碁石ほどの大きさをしたその腫れは、全てが漢字の形に腫れあがっていた。

「自」「色」「子」といった、画数の少ない漢字が目に入る。中には「観自在菩薩」や「無無明亦」など、等間隔に連なっているものもあった。直感的に般若心経だと思う。

女性の話では、ほぼ全身がこんな状態とのことだった。

「救急車を呼んだほうが……」という母の言葉を彼女は首を振るわせ、頑なに拒否した。

「こんな状態ですよ！　医者では力にならないと思います！」などと叫ぶ。

仕方なく三人掛かりで本堂へ運び、母は父に電話で連絡を入れた。

少年は畳の上で仰向けになって「うーうー」と呻いている。受け答えはできるようで、母の「大丈夫？」という問いかけに息も絶え絶えながら、「大丈夫……」と返してきた。

しかし、それ以上の言葉は続かない。

少年の母親が言うには、一時間ほど前からこんな状態なのだという。

仕事を終えた彼女が帰宅すると、息子が普段は行かない仏間に倒れこんで呻いていた。容体を見れば、全身に般若心経の腫れ物である。事態はまるで呑みこめなかったけれど、行くのは病院ではないと直感した。

「だから助けてください、お願いします！」と悲痛な声で彼女が叫ぶ。

ほどなく父が帰ってきた。母が事情を全て伝える前に、父は少年の傍らに片膝を突き、「何をしたんだ？」と静かに問うた。

少年は父のほうに視線を向けたが、「うーん……」と呻くばかりである。

母が「話せないの」と耳打ちすると、父は「そういうことではない」と突っぱねた。

「自分が何をしてしまったのか、心当たりがあるのなら思い浮かべて反省してみなさい。ただし、形ばかりの反省では意味がない。芯から反省すること。約束できるんだったら力を少しだけ貸してやる。どうだ？」

父の問いかけに少年は再び「うーん……」と呻きながらうなずいた。

答えを受けるや、父は少年の傍らで読経を始める。一方、少年のほうは相も変わらず呻いていたが、数分経つと声はしだいに小さく、穏やかなものになり始めた。

やがて十分近く経った頃、父の読経が静かに終わる。少年の呻き声もすっかり収まり、代わりに乱れた呼吸を整える静かな息遣いの音に切り替わっていた。

それからむくりと身体を起こし、おもむろにトレーナーの袖を捲りあげた彼の腕には、腫れのひとつも見当たらない。あんなにびっしりと浮いていたおびただしい蚯蚓腫れが跡形もなく綺麗さっぱり消え失せていた。

続いて彼が涙ながらに白状したのは、いわゆるひとつの窃盗である。

ずいぶん前から寺の墓地に供えられているジュースや菓子をくすね続けてきたらしい。盗みを繰り返すうちに手癖がすっかり悪くなってしまった彼は、今日の夕方になってさらなる悪事に手を染める。自宅の仏壇から現金を盗んだのである。

茶封筒に収められた千円札の束から数枚。その千円札は親戚の叔母が訪ねてくるたび、「先祖に供物を買うために」と、欠かさず仏前に捧げているものだった。

「腫れが引いたのなら、許してもらえたということだろう。今後は慎むように」

父が言うと、少年は嗚咽をあげながら「反省してます！」とうなずいた。

大学に進学するまで寺で過ごした美桜さんだが、ここまで不思議なことがあったのは、後にも先にもこの時だけだったので、今でも強く記憶に残っているそうである。

こんな感じ

こちらも盗みにまつわる話である。

理容師をしている互野《ごの》さんが、常連客の深間《ふかま》さんから聞かせてもらった話だという。

深間さんが高校生だった頃、通学路にしていた国道で交通死亡事故があった。

犠牲になったのは、小学生の男の子。横断歩道のない路上を横切る際に猛スピードで走ってきた車に撥ねられて亡くなった。ほとんど即死だったという。

男の子が亡くなった付近の歩道には小さな献花台が設けられ、たくさんの花とともに、ジュースやお菓子などの供え物が並ぶようになった。

それから少し経った放課後のこと。

深間さんが献花台の前を通りかかると、面白い物が目に入った。

男の子用の玩具や風船などに交じって、某人気ゲームキャラのお面が供えられている。

別にゲームのファンではなかったのだが、学校に持っていって友人たちの前で被れば、ちょっとした笑いが取れそうだった。周囲に目を光らせながら、鞄に詰めて持ち帰る。

帰宅して自室へ戻ると、さっそくお面をつけてみた。

目玉の部分に空いたふたつの覗き穴から、街中に延びる道路の風景が見える。

「は？」と思うや、道路の向こうから黒い乗用車が猛スピードで突っこんできた。

次の瞬間、視界は路面から浮きあがり、ぐるぐると凄まじい勢いで宙を舞い始める。

悲鳴をあげてお面を剥ぎ取るや、恐ろしくなってすぐさまお面を戻しに行った。


深間さん自身は「呪われた」と言っているらしいが、彼はその後、およそ一年の間に二回も交通事故に遭っている。どちらも道路を横断中の事故だった。

最初の事故では右の肋骨と大腿骨を折り、次の事故では左の肩甲骨と頭の骨を折った。

二度目の事故では頭を強く打ったことから、軽い言語障害が残ってしまったそうである。

彼は互野さんの理容室に来ると、大体十回に一回の割合で自分が「呪われた」というこの話を、たどたどしい口調で語り聞かせてくれるのだという。

アイデアマン

宮城の田舎町に暮らす篠木《しのき》さんは、二十年ほど前の一時期、漠然とした心地ながらも「死にたい」と思っていたことがあった。

幼い頃から学業が優秀だった彼は、大学を卒業後、地元の町役場に地方公務員として就職した。やはり地方公務員だった父からの強い勧めによるものである。

家族は両親との三人暮らし。両親との仲は概ね良好。そつなく就職が決まった頃には、父から「次は結婚だな」などと発破をかけられ困惑したが、まんざらでもなかった。

けれども順調に進むはずだった人生は、それから二年ほどで暗礁に乗り上げた。

役場を退職したのである。

元々興味があって勤め始めた仕事ではない。職場の空気や慣習に馴染むことができず、上司にパワハラを受けていたことも大きな理由となって、消え入るように辞めた。

退職後は労働に対する意欲が湧かず、三年近く無職で自室に引き籠るようになる。その間に父が病気で他界した。父は世を去る寸前まで「早くいい仕事を見つけろ」と言っていたが、篠木さんが再就職を果たしたのは、父の死から二年後のことだった。

新たな勤め先は、隣町にある大手の食肉工場である。作業員としての採用だった。

工場では学歴の低い同僚や上司たちから、学歴についてからかわれることが多かった。妬みから生じる〝イジリ〟だというのは容易に察しがついたが、気分の良いものでない。ここでも職場の空気に馴染めず、与えられた仕事を淡々とこなすだけの日々を送った。

鬱屈した気持ちを抱えていると顔つきは暗くなり、言葉も歯切れが悪くなってしまう。母は篠木さんの仕事に関してうるさいことは言わなかったが、こちらには引け目がある。「せっかく大学までださせてもらったのに申しわけない」という気持ちが、篠木さんを母から意識的に遠ざけていった。まともに顔を合わせることすら少なくなる。

なるべく家にいたくない気分と、ささくれだった心を晴らすため、工場に勤め始めて半年経った頃から、パチスロに嵌まるようになった。仕事が終わるとほぼ毎日のごとく、地元のパチンコ屋に籠って遊戯台に齧りついた。

勝つ時もあったが、総合的には負けていた。遊ぶ金は給料だけでは間に合わなかった。

そのうち、消費者金融から金を借りるようになってしまう。借りた金は一年足らずで、軽く二百万を超えてしまう。

こうなるともはやパチスロどころではなくなり、月々の給料の大半は、借金の返済に持っていかれるようになった。職場の無神経な連中からは、相変わらず小馬鹿にされる日々が続いていたが、今度は仕事を辞めるわけにもいかず、黙って耐えるしかなかった。

母には借金のことは一切話していなかったし、話すつもりもなかった。何かの拍子に不審な様子を気取られるのも危ぶみ、前にも増して顔を合わせる機会も減った。

然様な流れがあって行き詰まった篠木さんは、ある日を境に墓地へ通うようになる。

自宅から徒歩で少し歩いた距離にある、林道沿いの寂れた古い墓地である。

自家の先祖が眠る場所ではなかったが、小学生の頃は毎年夏休みになると、子供会で催される肝試しに参加した思い出がある。それなりに馴染みの深い場所ではあった。

仕事が終わると母が眠る時間まで墓地の中に居座ることもあれば、逆に母が寝てからそっと家を抜けだし、夜中の遅い時間まで過ごすこともあった。

墓地のいちばん奥に横たわる大きな倒木。いつもその上に腰をおろして時間を過ごす。自由に使える金もほとんどないので、墓地は避難場所にうってつけだった。

そしておそらく、死に場所にもちょうどよかろうと考えるようにもなる。

墓地へ通い始めていくらも経たないうちに、そんなことが脳裏を掠めるようになった。

借りた金を完済できるのはいつになるのか分からなかったし、それまで自分の気力が持つのかどうかについてはもっと分からない。

これから自分に待ち受けている将来についても具体的には想像がつかなかったのだが、おそらく明るいものではないだろうとは容易に察しがついた。

先行きに希望がないなら、今生きていることさえ無意味である。毎日暗い気分を抱え、職場の連中に嘲られながら、ひたすら借金を返すための金を稼ぐ。

そんな人生になんの意味があるのだろうと考えた結論が「死のう」である。

墓地へ通うようになってほどなくした頃、ホームセンターで頑丈そうな荒縄を買った。墓地の一角に伸びる古木の枝に縄を結わえ、首を括る輪っかも作った。

だが、いざ輪っかに首を通してみると、喉元からじわじわと冷たい恐怖が湧いてきて、枝からぶらさがる勇気を萎ませてしまった。自殺は未遂に終わってしまう。

けれどもそれで「死にたい」という気持ちが潰えたわけではなかった。荒縄は枝から解いてビニール袋に詰めこみ、墓地の草むらに隠すことにした。

以来、薄っすら「覚悟」が決まると、縄を枝に結び直して首を括る寸前までいく。

それから怖気をなしてその場にへたりこみ、大泣きしながら地べたを叩く。

墓地に通い始めて三月余りの間に、そんなことを十回ばかり繰り返した。

強い気持ちを胸に抱いて前に進む勇気もなければ、覚悟を決めて死にゆく度胸もない。

自殺に失敗するたび、そんな自分に失望して、篠木さんはますます惨めな気分に陥った。

いっそ、誰かが自分を殺してくれればいいのにとさえ思うようになっていく。

そうなると、相手は別に幽霊でも良かった。暗く静まり返った墓地へと日課のごとく通っていれば、そのうち墓に眠る死人が怒って、自分をとり殺してくれるかもしれない。

あらぬ思いも秘めながら、闇夜の孤独な時間を飽きることなく過ごし続けた。


全てにおいて後ろ向きな墓地通いを始めて、そろそろ四ヶ月を迎える頃。

八月初旬の夜風が少し涼しい晩のことだった。

その日は夜の十時過ぎ、母が寝静まるのを見計らって墓地へ向かった。

いつものように墓地のいちばん奥に横たわる大きな倒木に腰掛け、しばらく物思いに耽っていると、しだいに死への衝動がむくむくと鎌首を擡《もた》げてきた。

そろそろ本当に終わらせるべきではないのか。いつまでも煮え切らないのは良くない。今夜を最後に決めてしまえば、あとはもう、何も苦しまないで済むはずである。

心の中で自分に言い聞かせているうちに、思いはこれまでにないほど強くなってきた。やるなら今しかないと腹を決め、縄を引っ張りだしてこようと立ちかける。

「こんなところに来てたんだね」

そこへ突然、闇の中から声がした。

はっとなって視線を向けると、倒木の傍らに寝間着姿の母が立っている。

「なんだよ」と言い返したのだが、母はそれには答えず、篠木さんの隣に腰をおろした。

「あんた、覚えてる？　小学校の時の肝試し」

「うん。覚えてるけど、それが何？」

「お化けのマスク、いろんな仕掛け。ひとりで一生懸命作ってた」

ぶっきらぼうに答えると、母は暗闇の先に遠い目を向け、懐かしそうにつぶやいた。

それはおそらく、小学四年生の時の話である。肝試しの実行委員会に初めて参加した篠木さんは、肝試しの当日まで委員会の子供たちと、本番で使う様々な道具を準備した。主には脅かし役が身に纏う浴衣やお面、チープな人魂の玩具などである。

だが、それらは篠木さんにとって多分に物足りないものだった。初めての実行委員を務めることでやる気に満ち溢れていたこともあったし、他の実行委員や参加者たちから「すごい！」と言われたい野心もあった。

それで肝試しの数日前からお化けに関する本やビデオを参考に、物凄く怖い顔をしたお化けのマスクや脅かし用の仕掛けなどを独自に準備し始めたのである。

マスクのほうは、バルサ材と新聞紙を主な材料として作った。一つ目小僧に口裂け女、それからゾンビや半魚人などである。

仕掛けのほうは、釣り竿を使って宙を舞うゴム手袋製の手首や、シーツと懐中電灯を利用した幽霊の影絵などを作った。

「毎日あんた、家の縁側で夢中になって作ってたよね。お母さんもけっこう怖かった」

仕上げたマスクの出来栄えに母は顔を歪めて「怖い！」と言ったが、それから笑って「すごくいいね」と褒めてくれた。「肝試しはきっと、大成功だね」と微笑んでくれた。

実際、結果は母の予見したとおりとなる。

本番当日、委員のみんなにマスクと仕掛けを使ってもらうと、墓地の中を巡り始めた子供たちは喜びながら怯え続け、肝試しは例年にないほど大盛況のうちに終わった。

はるか遠い昔の記憶である。母に話を振られるまで、久しく思いだすこともなかった。あまりに古い出来事で、目の前の暗闇に広がる墓石もとうに忘れた記憶だろうと思う。

だが、思いだしてみると胸が少し湧いた。少年時代のすごく楽しかった思い出である。あんなに無邪気で幸せだった時代が、かつて自分にもあったのだなと感じ入る。

「あんたはアイデアマンなんだから、もっと胸を張って生きていったらいいと思う」

幽かに潤んだ目を輝かせ、こちらを覗きこむように見つめながら母が笑った。

「アイデアマン」という古びた響きに、涙がどっと溢れてくる。

そんなふうに自分を肯定してもらうことなど、しばらくずっとなかったことだった。

「うん」と応え、涙を絞りだしながら、闇に浮かんでぼやける墓石を見つめる。

「生きなさいよ」

「うん……」

耳朶《じだ》をくすぐる母の柔らかな言葉に、上擦った声でゆっくりと応える。

「もう大丈夫だね」

「うん……」

明るく弾んだ母の言葉に、両手で涙を擦りながら素直な気持ちで強く応える。

気づくと朝になっていた。いつのまにか、家の自室で寝入っていた。
夢でも見たのかと思ったのだが、それにしては記憶がいやに生々しい。
頬を撫でれば、涙を流した跡があった。
呆然とした心地で部屋を出ると、いつもは居間か台所にいるはずの母の姿がない。
嫌な胸騒ぎを覚えて寝室を覗いてみたところ、母は布団の中で冷たくなっていた。
司法解剖の結果、クモ膜下出血だったと分かる。死亡推定時刻は、昨晩十時頃。
篠木さんがちょうど、墓地へ出掛けた頃のことだった。

母の死後、篠木さんは劇的に変わった。
百箇日を済ませる時期には新たな勤め先を見つけ、職場では初日から積極的に動いた。
一念発起した彼が選んだのは、イベントプランナーの仕事である。
地域の自治体で催される祭事やコンサートなどの企画、サポートなどを主におこなう。
大学時代の友人から、たまさか紹介を受けての就職だった。
仕事は取り組み始めると、笑いが出るほどやりがいがあって面白いものだった。

あまり出過ぎないようにしながらも、職場で意見を求められるたび、素直な気持ちで自分が感じていることを上司や同僚に伝えた。それらは概ね参考材料にしてもらえたし、時には「いいね！」と褒められることもあった。

そのたびに「アイデアマン」と自分を称えてくれた、母の言葉を思いだす。

天職だった。少年時代、肝試しの時に抱いた情熱を大事にしながら業務に取り組めば、全てが順調に進んでいったし、誰もが驚くような成果をあげることもできた。

今年で勤続二十数年、現在五十路を迎えた篠木さんは、企画部の部長職を務めている。多額の借金は十年ほど前に完済し、その後は妻とふたりの子供に恵まれた。

日々の暮らしは公私ともども安らかで、たとえ困難に直面することがあったとしても、最後は笑って解決できてしまう。無闇に塞ぎこんでいた昔の自分が嘘のようだという。

全てはあの時、最後の力を使って励ましてくれた母のおかげ。

心の底から感謝はすれど、母が元気でいるうちにろくな親孝行ができなかったことは、今でも大いに悔やんでいる。

代わりに仏壇参りを欠かさない。決まって日々の楽しい報告をしながら手を合わせる。

心の中で語りかけると、遺影の母はいつでも優しく微笑みかけてくれるという。

終わりへ向かう、異な日々の数コマ

私自身の話である。

あとがきのような位置づけの話なので、興味のない方はこのまま本を閉じて構わない。

新たな歳を迎えてしばらく経った、二〇一九年の一月下旬。

いつものごとく、私は都内へ泊まりがけの出張相談に出掛けていた。

この頃、私は特殊な膵炎《すいえん》を患って、もうじき一年を迎えようとする時期だった。

八年連れ添った妻も難病を患い、様々な事情があって長らく別居生活が続いている。

それに加えて、いわゆる「霊感」と呼ばれる特異な感覚もしばらく前から消えていた。

自覚している限りでは、すでに三ヶ月近く経っている。

原因は分からない。病気が影響しているのかもしれないし、長らく仕事で心身ともに無理をし過ぎた影響が、一気に祟ったゆえかもしれなかった。

頑是《がんぜ》ない頃から当たり前のように視えて、聞こえて、感じていたものが意識の上からほとんど潰えてしまうと、私の日常はそれまでと大きく様変わりしてしまった。

元々他人に知覚できないものが、自分も認識できなくなったということでもあるので、ある意味これが、この世に生きる多勢が過ごす「普通の世界」なのだと思う節もある。

けれども気分は落ち着かなかったし、「普通の世界」に慣れることもできなかった。

同業の知人からは「そのうち元に戻る日が来るだろう」と言われたこともあるのだが、それがいつになるかについては不明だったし、かならず元に戻るという保証もなかった。

希望は時に人を励ますが、時に人を落ちこませることもある。

私の場合、当初は知人の言葉に救われ、事を前向きに捉えるように努めていたのだが、日にちが経つにしたがい、「希望」はどちらかといえば、後者に作用するようになった。

斯様な状態と状況ゆえ、対応できる仕事の幅も減ってしまう。

お化けに関する案件は、調査も解決も含めてほぼNG。私ができることで残ったのは、先祖供養と人生相談、あとは年回りの鑑定ぐらいになった。

それでも実にありがたいことである。ネットで出張相談のスケジュールを告知すると、都内で働く三日の時間枠は、そこそこ埋めてもらうことができた。

長年ともに過ごした猫の供養、まもなく大学受験を迎える息子の合格祈願、安産祈願、墓地の移転や永代供養に関する相談。そうした依頼が大半を占め、都内で過ごす時間は身体に特別大きな負担が掛かることもなく、あっというまに過ぎていった。

だが一件だけ、妙なサプライズもあった。

三日目の夕方、最後の相談客として対面したのは、裕木真希乃《ゆうきまきの》という若い女性だった。

彼女は就職に関する相談を希望していたのだが、一時間ほどであらかた用件が済むと、私の前に全部で十二冊もある大学ノートを差しだした。

聞けば、中身は怪談実話に関するレポートだという。二百話以上あるとのことだった。およそ三年半の歳月をかけ、全て自分の足で取材したものだと彼女は言った。

対面中、裕木に指摘されるまで、私は彼女と初対面ではないということを忘れていた。

そのうえ彼女に怪談取材を勧めたのは他でもない、三年半前の私自身とのことだった。

怪談取材を始める直前の三年半前に同じ店で一度、顔を合わせているのだという。

こちらも指摘を受けて初めて思いだす。前回の相談時に、そんな話をした記憶があった。

私が冗談半分で持ち掛けた提案を彼女は率直に受け止め、その後は長い月日を費やし、見事に完遂したというわけである。甚だ申しわけない気持ちでいっぱいになる。

取材の成果はノートごと、自由に使って構わないとのことだった。

狐に摘《つ》ままれたような心境でノートを受け取り、都内最後の対面相談が終わる。

未発表の怪談実話が二百話以上。プロの怪談作家や怪談師であれば、棚からぼたもち。夢のような贈り物だと狂喜乱舞することだろう。

実際、私も感謝の気持ちは大いにあった。

けれどもすぐに中を検《あらた》めてみる気にはなれなかった。

特異な感覚が薄くなって以来、怪談というものを書くことや見聞きすることについて、そこはかとない虚無感が付き纏うようになっていたからである。

だから馴染みのネットカフェで帰りのバスを待つ間も、ノートを開くことはなかった。代わりに自前のノートPCを開き、あまり気乗りのしない原稿を書き始める。

こちらは仕事用の怪談である。気持ちが乗ろうが乗るまいが、締切は差し迫っている。出張中もなるべく空いた時間を利用して、少しでも書き進めるようにしていた。

ところがこの日は隣のブースが騒がしく、なかなか原稿に集中することができない。

聞こえてくるのは、恐ろしく盛大ないびきである。「ぐがー!」という呼吸音の間に「びろびろびろびろ!」という、どこから出てくるのか不確かな異音が交じる。

一時間ほど耐え忍んだのだが、いびきは一向に治まらず、むしろ激しさを増していく。仕方なく、ネットカフェの近くにある喫茶店へ場所を移すことにした。

案内されたテーブル席につき、ノートPCを開き直して執筆を再開する。

店内は初め、適度にざわついた雰囲気で居心地が良かったのだが、二十分ほどすると、こちらも急に騒がしくなってきてしまった。

原因は新たに入店してきた、四人組の若い男女である。内訳は、男と女がふたりずつ。いずれも声のボリュームが他の客より一段大きく、話すテンションも一際高い。

彼らは私から近い席に座ったこともあり、その声は会話の内容まで聞き取れるくらい、大きく耳に届いてくる。特にハンチング帽を被った金髪の女性は、甲高い声で笑うたび、「ぱんぱん！」と派手な手拍きも一緒にするので、ひどく耳障りである。

できれば早く店を出ていってほしかったのだが、四人の談笑は盛りあがる一方だった。そのうちどうした奇遇か、テーマは次第に怖い話のほうへと切り替わっていく。

夜の喫茶店で怪談を書いている自分が思えた立場ではなかったが、そういう話題こそ、やめてほしいという感じだった。他人が語る怪談など、好んで耳に入れたくもない。

話は主にハンチング帽の女性の向かい側に座る、イケメン風の男性が喋っていた。

ネットで仕入れた幽霊譚や都市伝説、心霊動画の内容などを語り聞かせているのだが、その合間には彼の身内や友人が体験したという話も挟まれていた。

他の男女はいずれも興味津々のご様子で、時折「やぁぁん！」と呻いて顔を歪めたり、「きゃー！」と声を張りあげたりしながら、イケメンの語る話を聞き入っている。

こちらは無視を決めこもうと思うのだけれど、悲鳴もあがり始めたせいで難しかった。一際大きな声があがるたび、目が反射的に男女のほうへ向いてしまう。

そうして一時間近く経った頃である。再び「やだー！」と大きな声が聞こえてきた。

声の主は、ハンチング帽の女性。イケメンが話した怪談のオチに驚いての反応である。

うるさいなと思いながら視線を向けると、女性の帽子がふわりと真上に浮いた。

染色されずに伸びている、頭頂部の黒い生え際が露わになる。

帽子はくるくると水平に回りつつ、彼女の頭から三十センチほど上まで舞いあがって、それから再び彼女の頭へすとんと落ちた。

異変を目の当たりにした他の三人の口から、一斉に驚きの声があがる。

ハンチング帽の女性も事態を呑みこみ、「何今の！」と素っ頓狂な声をあげる。

騒ぎを聞きつけた店員が彼らのほうへ向かい始めたのを合図に、私のほうは店を出た。

しばらくぶりで目にした怪異に、心が湧きたつことはなかった。

私が視たいと願っているのは、あんなものではない。頭から勝手に離れて舞いあがる帽子を見たからといって、己の特異な感覚が元に戻ったという証にはならないのである。異様な一幕を目にしたとは思ったが、なんだか無性に白けてしまう。

その後、バスタ新宿で予約していた夜行バスに乗りこみ、仙台行きの帰途に就いた。

深夜に都内を出発して二時間余り。トイレ休憩のため、バスが佐野サービスエリアへ停まった時のことである。時刻はそろそろ二時を回る頃だった。

二列シートになった窓側の席で微睡《まどろ》んでいると、ふいに「あのさ」と声をかけられた。目を開けると、年配の運転手が渋い顔をして私を見おろしている。

「運行中は、休憩時も含めて私語禁止だから。守れないんなら降りてもらうからね」

吐き捨てるように言い終えると、彼はこちらの返事を待たず、運転席へ戻っていった。こちらとしては「は?」といった感じだった。

私は今まで黙って目を閉じていたし、二列シートの通路側に当たる隣の席は空である。「私語禁止」云々以前に、話す相手がいないのだ。

かといって、他の乗客が話をしていたわけでもない。車内はずっと静まり返っていた。

最後の最後にこんなことがあって、宮城の自宅へ帰ってくる。

帰宅後は、特に身辺で怪しい現象が起きることはなかった。

私の「視えぬ聞こえぬ」も、相変わらずのことである。

この先、果たして自分はどうなってしまうのだろうと思う。

余計なものなど感じることなく生きていけることのほうが、本来ならば正常なのだし、幸せなのかもしれない。だが私としては、やはり違和感のほうが強くて馴染めなかった。

それでも人生は続く。己の抱える心情や、取り巻く状況の良し悪しなどお構いなしに。

今生の終わりに墓場へ向かうその日まで。

自分なりに何がしか、希望を見つけださなければと思った。漠然とした指標でもいい。先行きの見えないまま、憂鬱な気分を抱えて日々を過ごし続けるのは耐え難い。

そんなことを思い始めてまもなく、希望は思わぬ線から私の許へもたらされた。

だがそれは、底なしの絶望と固く両手を繋ぎ合わせての到来だった。

人生は続く。尽きることない苦悩のなかで、数多の選択と決断を繰り返しながら。

二〇一九年一月下旬、私は再び大きな覚悟を求められる事態に陥る運びとなった。

★読者アンケートのお願い

本書のご感想をお寄せください。アンケートをお寄せいただきました方から抽選で10名様に図書カードを差し上げます。
（締切：2023年11月30日まで）

応募フォームはこちら

拝み屋備忘録　怪談人喰い墓場

2023年11月6日　初版第1刷発行

著者……郷内心瞳
デザイン・DTP……荻窪裕司（design clopper）
企画・編集……Studio DARA

発行人……後藤明信
発行所……株式会社 竹書房
〒102-0075　東京都千代田区三番町８－１　三番町東急ビル６F
email：info@takeshobo.co.jp
http：//www.takeshobo.co.jp
印刷所……中央精版印刷株式会社